Privatrecht Band VI

Klingberg, Wettbewerbsrecht
mit Hinweisen auf den Zivilprozeß

Privatrecht
Lehrbuch für Fachhochschulstudenten

Band I:

Grundlagen des bürgerlichen Rechts mit Hinweisen auf den Zivilprozeß
Von Horst Hartwig, Richter am Oberlandesgericht,
Dozent an der Fachhochschule Dortmund

Band II:

Allgemeines Schuldrecht mit Hinweisen auf den Zivilprozeß
Von Horst Hartwig, Richter am Oberlandesgericht,
Dozent an der Fachhochschule Dortmund

Band III:

Besondere Schuldverhältnisse mit Hinweisen auf den Zivilprozeß
Von Horst Hartwig, Richter am Oberlandesgericht,
Dozent an der Fachhochschule Dortmund

Band IV:

Sachenrecht und Wertpapierrecht mit Hinweisen auf den Zivilprozeß
Von Horst Hartwig, Richter am Oberlandesgericht,
Dozent an der Fachhochschule Dortmund

Band V:

Gesellschaftsrecht mit Hinweisen auf den Zivilprozeß
Von Dr. Hubert Klingberg, Vorsitzender Richter am Landgericht,
Dozent an der Fachhochschule Dortmund

Band VI:

Wettbewerbsrecht mit Hinweisen auf den Zivilprozeß
Von Dr. Hubert Klingberg, Vorsitzender Richter am Landgericht,
Dozent an der Fachhochschule Dortmund

J. Schweitzer Verlag · Berlin

Privatrecht
Lehrbuch für Fachhochschulstudenten

Band VI

Wettbewerbsrecht
mit Hinweisen auf den Zivilprozeß

Von

Dr. Hubert Klingberg

Vorsitzender Richter am Landgericht
Dozent an der Fachhochschule Dortmund

1974

J. Schweitzer Verlag · Berlin

ISBN 3 8059 0300 6

Satz, Druck: Sellier GmbH Freising. – Printed in Germany.
Bindearbeiten: Lüderitz u. Bauer, Berlin 61

Vorwort

Gewerbliche Schutzrechte spielen im Wettbewerb eine sehr große Rolle. Eine Darstellung des Wettbewerbsrechts für den Gebrauch an Fachhochschulen muß daher auch auf die gewerblichen Schutzrechte eingehen, wenngleich auf Einzelheiten insoweit verzichtet werden kann. Der Student sollte aber die einzelnen Schutzrechte kennenlernen, sie voneinander unterscheiden lernen und einige Grundkenntnisse ihrer gesetzlichen Gestaltung erwerben.
Die Bedeutung des Gesetzes gegen den unlauteren Wettbewerb und seiner Nebengesetze für die Wirtschaft und namentlich für die Absatzwirtschaft steht, so ist man zu sagen versucht, in umgekehrtem Verhältnis zur Verbreitung der Kenntnisse über dieses Rechtsgebiet. Deshalb ist es ein wichtiges Anliegen, dem interessierten Studenten die Grundlinien der Rechtsordnung im Wettbewerb aufzuzeigen und ihn anhand von ausgewählten Fällen mit den Gedankengängen vertraut zu machen, mit denen Wettbewerbskonflikte gelöst werden. Wie wichtig solche Kenntnisse sind, zeigt sich in der Praxis immer wieder daran, wieviel Phantasie aufgewandt wird, um Wettbewerbsvorteile zu erringen und mit welchem Einsatz solche Vorteile im Konfliktsfalle verteidigt werden.
Bei den kartellrechtlichen Fragen habe ich mich im Blick auf die Aufgabenstellung der Lehrbuchreihe auf die Kartellverträge und die Austauschverträge beschränkt, und die Preisempfehlungen behandelt. Wichtige Gebiete, wie beispielsweise die Kontrolle marktbeherrschender Unternehmen und die Fusionskontrolle habe ich ausgespart, weil sie aus Zeitgründen im Unterricht ohnehin nicht behandelt werden können. Ich hoffe jedoch, daß das Buch dem Interessierten einen Einstieg auch in diese Bereiche des Kartellrechts ermöglicht.
Eine Bemerkung noch zum Gebrauch dieses Bandes:
Ich habe vorausgesetzt, daß dem Leser Textausgaben der behandelten Gesetze zur Verfügung stehen. Solche Textausgaben gibt es im Handel als Taschenbücher. In den Taschenbuchausgaben „Patentrecht" und „Wettbewerbsrecht" finden Sie die Texte sämtlicher Gesetze, die Sie beim Durcharbeiten dieses Buches brauchen.

Dortmund, März 1974 — Dr. Hubert Klingberg

Inhaltsverzeichnis

Teil 1: Die gewerblichen Schutzrechte

Fall 1: Überblick über die gewerblichen Schutzrechte, gewerbliche Schutzrechte und Gesetz gegen den unlauteren Wettbewerb (UWG)

Der Möbelfabrikant M stellt einen Sessel her, dessen Kunststoffschale er in Zusammenarbeit mit dem Kunststoffhersteller K entwickelt hat. Die Schale zeichnet sich durch besonders gute statische Eigenschaften und Haltbarkeit aus. M, der mit K wegen der Lieferung der Schale langfristige Lieferverträge hat eingehen und K eine bestimmte Abnahme hat versprechen müssen, hat dem Sessel in der Ausbildung der Sitz- und Rückenpolster und mit der Wahl des Bezugsstoffs eine eigentümliche Gestaltung gegeben und ihn alsdann mit erheblichem Werbeaufwand auf einer Möbelmesse und in aufwendigen Zeitungsanzeigen auch der Allgemeinheit vorgestellt. Er hat Lieferverträge mit zwei Warenhauskonzernen und dem regional umsatzstärksten Möbelhändler abschließen können. Sein Konkurrent W baut den Sessel bis in die Details nach, verwendet jedoch eine nach einem erheblich billigeren Verfahren hergestellte Kunststoffschale und kann den Sessel deshalb viel billiger anbieten. Deshalb entdecken die Abnehmer des M in Prospekten des Warenhauses X eines Tages einen Sessel, der auf den Abbildungen dem von M hergestellten so ähnlich sieht wie ein Ei dem anderen, nur erscheint ihnen der von X angebotene Sessel so unglaublich billig, daß sie zu der Überzeugung gelangen, M habe X viel günstigere Preise als ihnen eingeräumt. Sie haben überdies auch sogleich Schwierigkeiten mit Kunden, die den Sessel schon gekauft haben. Das veranlaßt sie, mit dem Abbruch der Geschäftsbeziehungen zu drohen. Die Beteuerung des M, daß es sich um einen Nachbau handele, wollen sie nur nach gerichtlicher Bestätigung glauben.
M nimmt deshalb W gerichtlich auf Unterlassung des Nachbaus in Anspruch. Wird er in diesem Prozeß obsiegen?

Besprechung

Wenn Sie sich überlegen, wie dieser Konflikt zu entscheiden sei, dann sollten Sie zunächst bedenken, daß es sich nicht um einen theoretischen, erfundenen Fall handelt. Vielmehr ist der **Nachbau gewerblicher Erzeugnisse** keine ganz seltene Erscheinung und er ist sowohl für den beteiligten Hersteller als auch für denjenigen, der nachbaut, von eminenter wirtschaftlicher Bedeutung. Deshalb werden solche Konflikte vielfach mit höchstem Einsatz und bis zur letzten Instanz ausgetragen. So begann beispielsweise in den 50er Jahren ein Konkurrent damit, die Ihnen sicherlich bekannten Lego-Steine unter der Bezeichnung „Puwi" nachzubauen, und zwar in der Weise, daß sie sich zwar im Aussehen von den Lego-Steinen geringfügig unterschieden, aber ebenso wie Lego-Steine und mit diesen zusammen verbaut werden konnten.
Der Wettbewerbsprozeß ist in einem solchen Falle mindestens für den Nachahmer mit dem Kampf ums Überleben gleichzusetzen; eine Entscheidung, die den Wettbewerb freigäbe, würde wiederum den ursprünglichen Hersteller in Existenznot bringen müssen, denn selbst wenn er im Wettbewerb mit dem ersten Nachahmer obsiegt, dann wird er sich schnell mit dem zweiten, dritten und vierten Nachahmer auseinandersetzen müssen. Vielleicht ist es nur eine Frage der Zeit, wann er selbst auf der Strecke bleibt.
Wie also ist der Konflikt zu entscheiden? Über diese Frage ließe sich viel gemächlicher urteilen, wenn es nur um die Interessen der beiden Hersteller ginge. Nur stellen sie ihre Ware nicht ohne Arbeitnehmer her. Wenn sie ihre Produktion einstellen müssen, dann ist

das nicht nur für sie, sondern auch für viele Familien ein einschneidendes Ereignis, dem man im günstigsten Falle mit Sozialplänen beikommen kann. Wer wollte sich aber unter solchen Umständen die Entscheidung leichtmachen?
Entscheidungen von so großer Bedeutung muß unser Recht ebenso vorprogrammieren wie die Lösung weniger folgenschwerer Konflikte. Es ist Aufgabe des Gesetzgebers, die Grundlinien der Entscheidung vorzuzeichnen, die in einem solchen Konfliktsfalle der Richter zu treffen hat.
Damit stellt sich die Frage, unter welchen Umständen und in welchem Umfange jemand Schutz vor Nachahmung verdient, der einen neuen und eigentümlichen gewerblich nutzbaren Gedanken oder Plan hat. Je mehr man darüber nachdenkt, desto weniger kann man sich eigentlich eine Rechtsordnung denken, die das nicht regelt. Allerdings ist die Bandbreite der möglichen Regelungen sehr groß.

Wer die Grundzüge unserer Rechtsordnung zu diesem Problemkreis darzustellen hat, muß zunächst auf die **gewerblichen Schutzrechte** eingehen. Sie sind schnell aufgezählt, weil es sich um eine beschränkte Anzahl handelt. Als gewerbliche Schutzrechte bezeichnen wir **das Patentrecht, das Gebrauchsmusterrecht, das Geschmacksmusterrecht** und **das Warenzeichenrecht.** Alle diese Rechte hat der Gesetzgeber ähnlich geregelt, wie das Eigentum an Sachen, deshalb spricht man in diesem Zusammenhange auch gelegentlich von geistigem Eigentum. In den entsprechenden Gesetzen läßt sich das gut nachlesen. So bestimmt § 903 BGB, der Eigentümer einer Sache könne im Rahmen der Gesetze und unter Beachtung der Rechte Dritter mit der Sache nach Belieben verfahren und jeden anderen von jeder Einwirkung auf die Sache ausschließen.
In § 5 PatG steht zu lesen: das Patent hat die Wirkung, daß allein der Patentinhaber befugt ist, gewerblich den Gegenstand der Erfindung herzustellen, in Verkehr zu bringen, feilzuhalten oder zu gebrauchen. In § 5 GebrMG findet man eine entsprechende Regelung für das Gebrauchsmuster, in § 1 GeschmMG für das Geschmacksmuster und in § 15 WZG für das Warenzeichen. Ebenso verhält es sich mit den gesetzlichen Abwehransprüchen gegen Verletzung der gewerblichen Schutzrechte. Auch hier dient die Regelung des BGB über das Eigentum an Sachen dem Gesetzgeber als Vorbild. In § 1004 BGB können Sie nachlesen, der Eigentümer sei berechtigt, von demjenigen, der ihn im Eigentum stört, die Beseitigung der Beeinträchtigung und die Unterlassung weiterer Beeinträchtigungen zu verlangen. Entsprechend ist in § 47 Abs. 1 PatG geregelt, der Patentinhaber könne Unterlassung von jedem verlangen, der den Vorschriften des Patentgesetzes zuwider die Erfindung benutzt. Entsprechende Vorschriften finden Sie in § 15 GebrMG und § 24 WZG. Für den Bereich des Geschmacksmusterrechts gilt das Gleiche aufgrund der in § 14 GeschmMG enthaltenen Verweisung auf das **Urheberrechtsgesetz.**

Auf das Urheberrecht kann ich in diesem Zusammenhange nur kurz hinweisen. Es befaßt sich mit den Rechten der Urheber von Werken der Literatur, Wissenschaft und Kunst, das Urheberrechtsgesetz begründet Schutzrechte, die ganz ähnlich gestaltet sind wie die gewerblichen Schutzrechte, doch handelt es sich eben nicht um **gewerbliche** Schutzrechte und deshalb soll im Rahmen dieser Darstellung auf das Urheberrechtsgesetz nicht eingegangen werden.

Weil unsere Rechtsordnung den Inhaber eines gewerblichen Schutzrechts ebenso wie den Eigentümer einer Sache vor jeder Beeinträchtigung schützt und ihm gegen jeden Mitbürger wirkende Schutzrechte verleiht, deshalb bezeichnen die Juristen die gewerblichen Schutzrechte wie das Urheberrecht und das Eigentum an Sachen als **absolute Rechte.**

Ich hatte oben darauf hingewiesen, daß nicht jede Rechtsordnung notwendig das Recht des Erfinders oder des Urhebers eigentumsähnlich ausstatten muß. Es ist durchaus denkbar und möglich, ihre Rechtsstellung erheblich schwächer zu gestalten, ihnen weniger und der Allgemeinheit mehr Vorteile ihres geistigen Schaffens zuzuweisen. Freilich ist dann womöglich auch der Anreiz zu geistiger Leistung geringer, der jeweilige Gesetzgeber muß die Interessen bewerten und seine gesetzliche Regelung danach einrichten.

Unser Fall veranlaßt uns mithin zu der Überlegung, ob M denn nicht Abwehransprüche gegen X aus den Gesetzen zustehen können, die gewerbliche Schutzrechte zum Gegenstand haben. Zu fragen ist, ob M die Unterlassung des Nachbaus aus § 47 Abs. 1 PatG, aus § 15 GebrMG, aus § 15 GeschmMG i.V. mit § 97 UrhG oder aus § 24 WZG verlangen kann.
Vordergründig ist diese Frage leicht zu beantworten. Allen gewerblichen Schutzrechten mit Ausnahme des Geschmacksmusterrechts ist es nämlich gemeinsam, daß sie vom Staate verliehen werden müssen. Bei allen diesen Rechten ist es so, daß sie beantragt oder wenigstens angemeldet werden müssen. Die Anmeldung ist, wie Sie § 7 GeschmMG entnehmen können, auch für die Erlangung eines Geschmacksmusterrechts erforderlich. **Patente werden** vom Patentamt **erteilt** (§ 35 PatG), Gebrauchsmuster in die **Rolle für Gebrauchsmuster** eingetragen (§ 3 GebrMG), Warenzeichen werden in die **Zeichenrolle** eingetragen (§ 6 WZG). Da im mitgeteilten Sachverhalt unseres Falles von all diesen Vorgängen nicht die Rede ist, kann man davon ausgehen, daß M sich um die Erlangung eines gewerblichen Schutzrechtes nicht bemüht hat und daß ihm ein solches Recht deshalb auch nicht zusteht.
Diese Antwort muß allerdings die Frage offenlassen, ob M ein gewerbliches Schutzrecht hätte erlangen können, wenn er sich darum bemüht hätte. Wenn auch die formellen Voraussetzungen für die Erlangung eines gewerblichen Schutzrechts nicht gegeben sind, so wird wahrscheinlich interessieren, ob die materiellen Voraussetzungen hierfür vorliegen, ob also bei Anmeldung ein solches Recht entstanden wäre oder hätte erlangt werden können. Diese Frage ist für das Warenzeichenrecht am einfachsten zu beantworten. Ein Warenzeichen ist dazu da, eine Ware zu kennzeichnen, folglich kann die Ware selbst kein Warenzeichen sein. Bei dem Sessel handelt es sich aber um die Ware selbst. Auch ein Patent- oder Gebrauchsmusterrecht wird M für den Sessel selbst dann nicht erlangen können, wenn er sich darum bemüht. Denn der Sessel ist weder eine **neue** Erfindung i.S. des § 1 PatG noch ein Gebrauchsgegenstand mit einer **neuen** Gestaltung, Anordnung oder Vorrichtung i.S. des § 1 GebrMG. Sessel sind seit Jahrtausenden bekannt und eine **neue Raum-Form-Kombination,** wie sie das Gebrauchsmusterrecht fordert, weist der Sessel auch nicht auf. Nicht so leicht zu beantworten ist die Frage, ob M an dem Sessel ein Geschmacksmusterrecht hätte erlangen können, wenn er sich darum bemüht hätte. In § 1 Abs. 2 GeschmMG sind **Neuheit** und **Eigentümlichkeit** als Voraussetzung für die Entstehung eines Geschmacksmusterrechts gefordert. Danach muß ein Sessel, wenn ein Musterrecht an ihm soll entstehen können, eigentümlich gestaltet sein. Überdies müssen die seine Eigentümlichkeit begründenden Gestaltungselemente neu sein. Ob diese Anforderungen erfüllt sind, kann man kaum entscheiden, wenn man nicht den Sessel und viele gleichartige Erzeugnisse gesehen und verglichen hat. Lassen Sie uns deshalb davon ausgehen, daß auch die Eigentümlichkeit und ihre Neuheit nicht in einem solchen Maße festgestellt werden können, daß an dem Sessel ein Musterrecht hätte entstehen können, wenn M sich darum bemüht hätte.

Damit haben wir ein konkretes Ergebnis gefunden: M hat kein gewerbliches Schutzrecht erlangt und er hätte auch kein solches Recht erlangen können, selbst wenn er sich darum bemüht hätte.
Aber ist damit unser Fall denn gelöst? Zu dieser Frage lassen sich zwei Auffassungen vertreten. Man kann vielleicht wie folgt argumentieren: Wenn der Gesetzgeber schon bestimmte geistige Leistungen, die sich gewerblich nutzen lassen, so hoch einschätzt, daß er sie auf Antrag des Urhebers in den Rang absoluter Rechte erhebt, dann will er damit zugleich erreichen, daß andere geistige Leistungen, die den Ansprüchen des Gesetzes nicht gerecht werden, den Schutz eines absoluten Rechts nicht genießen sollen. Vielleicht kann man aber auch eine gegenteilige Meinung vertreten: Erfindungen, seien sie patentfähig oder nur in Form eines Gebrauchsmusters schutzwürdig, Warenzeichen und Geschmacksmuster verdienen im Interesse der Allgemeinheit die besondere Aufmerksamkeit des Gesetzgebers. Ihnen muß das Gesetz deshalb einen besonders ausgeprägten Schutz angedeihen lassen. Das besagt aber nicht, daß jedermann eigenständige Leistungen auf gewerblichem Gebiet auch dann für sich ausnutzen kann, wenn ein verständiger Kaufmann solche Nachahmung als unlauter bezeichnen würde.
Welcher Auffassung soll man den Vorrang geben? Kann man nicht vielleicht die gewerblichen Schutzrechte in ihrem Gehalt unangetastet lassen und es gleichwohl als unanständig und unlauter ansehen, wenn jemand die geistige Leistung eines anderen für sich ausnutzt, ohne sich selbst zu bemühen? Sicherlich verdient den besonderen Schutz des Gesetzgebers, was Gegenstand eines gewerblichen Schutzrechts sein kann. Aber die Gesetze können ohnehin nicht alles erfassen, was wie ein gewerbliches Schutzrecht genutzt werden kann. Denken Sie bitte in diesem Zusammenhange an den Inbegriff von Kenntnissen und Erfahrungen in der Produktion von Waren oder gewerblichen Leistungen, den man gemeinhin als **„know how"** bezeichnet. Ein Unternehmen, das aus Erfahrung weiß, wie man die Produktion einer bestimmten Ware, eines LKW-Werks oder der Erdöl-Förderung aufzieht, läßt sich diesen „know how" schließlich vom Interessenten mit Recht ebenso bezahlen wie der Patentinhaber, der eine Lizenz vergibt. Wer als **designer** ein ansprechendes Stoffmuster entworfen hat, der wird sich den Entwurf auch dann bezahlen lassen, wenn die Voraussetzungen für den Erwerb eines Geschmacksmusterrechts nicht vorliegen.
So ist der Kreis der gewerblichen Schutzrechte zwar geschlossen, aber er erfaßt nicht alle geistigen Leistungen, die sich gewerblich nutzen lassen. Schon deshalb kann die gesetzliche Regelung für die gewerblichen Schutzrechte Ansprüchen auf Schutz einer anderen geistigen Leistung vor mißbräuchlicher Ausnutzung nicht im Wege stehen, wenn sich ein solcher Schutz aus anderen gesetzlichen Regelungen herleiten läßt. Als eine solche gesetzliche Regelung kommt § 1 des Gesetzes gegen den unlauteren Wettbewerb (UWG) in Betracht.
Wenn zwei oder mehrere Anbieter gleiche Waren oder gewerbliche Leistungen zu verkaufen oder zu erbringen bereit sind, dann wird in der Regel zwischen ihnen Wettbewerb bestehen. Beide werden um möglichst viele Kunden bemüht sein. Bei diesen Bemühungen werden nicht immer faire Methoden angewandt. Die eine oder andere Verhaltensweise im Wettbewerb ist so rüde, daß der Gesetzgeber den betroffenen Wettbewerbern einen Schutzanspruch gewähren muß. Dieses Anliegen drückt § 1 UWG in der Form einer Generalklausel aus. Die Vorschrift wird noch Gegenstand mehrerer Fallbesprechungen sein müssen. Lesen Sie sie bitte schon jetzt einmal sorgfältig durch. Es ist in der Vorschrift von den guten Sitten die Rede. Damit meint das Gesetz nicht die guten Sitten schlechthin, son-

dern die **guten Sitten im Wettbewerb.** Es nimmt damit Bezug auf die Anschauungen eines verständigen und anständigen Gewerbetreibenden. Was er als unlauter ansieht, dagegen soll sich jeder Gewerbetreibende wehren können.
Damit gibt das Gesetz dem Richter zwar eine Richtlinie an die Hand. Aber welche Entscheidung diese Richtlinie im Einzelfall fordert, das läßt sich aus der Generalklausel vielfach nur unter Berücksichtigung und Abwägung vieler Umstände herleiten.
So ist auch unsere Fallfrage, ob denn der Nachbau eines Sessels gegen die guten Sitten im Wettbewerb verstößt, nicht ganz einfach zu beantworten. Die Verwendung gewisser Gestaltungselemente, die auch das Vorbild aufweist, wird sicher nicht beanstandet werden können. Wer zuerst Schaumstoff für die Polster verwendet hat, der wird es seinem Konkurrenten kaum haben verbieten können, das auch zu tun. Wer heutzutage Rollen statt fester Füße an die Schale montiert, der wird ebenfalls keine Unterlassungsansprüche von Wettbewerbern zu befürchten haben. Aber muß man einen Sessel so gestalten, daß er einem Konkurrenzprodukt fast völlig gleicht und auf Abbildungen nicht unterschieden werden kann? Auf dem Markt trifft der Interessierte Sessel in den mannigfaltigsten Formgebungen an. Kein Produzent hat Mangel an Ausweichmöglichkeiten, wenn er sich mit seinem Sessel einem Konkurrenzprodukt allzusehr nähert, das sich gerade auf dem Markt befindet. Also wird man es mißbilligen müssen, wenn er von dem Konkurrenzprodukt keinen zumutbaren Abstand hält, sondern sich sogar an die Werbung und den schon erzielten geschäftlichen Erfolg des Konkurrenten anhängt. Den **sklavischen Nachbau** sieht der verständige und anständige Gewerbetreibende als unlauter an. M kann in unserem Falle von W die Unterlassung des Nachbaus des Sessels verlangen.

Die Rechtsprechung hat sich vielfach mit Fällen sklavischer Nachahmung befassen müssen. Die Entscheidungen des Bundesgerichtshofs hierzu sind mit Kennwörtern versehen, wie sich das bei wettbewerbsrechtlichen Entscheidungen inzwischen eingebürgert hat. Ich zitiere einige dieser Entscheidungen mit Kennwort und Fundstelle. Der Interessierte mag die Entscheidungen nachlesen, für den, der sich nur orientieren möchte, geben die Kennwörter einen Hinweis auf die Bedeutung des Problems: „Hummelfiguren" (BGH 5, 1 ff.), „Uhrenrohwerke" (BGH 21, 266ff.), „Goldzack" (BGH GRUR [das ist die Zeitschrift „Gewerblicher Rechtsschutz und Urheberrecht"] 1954, 337ff.), „Mecki-Igel" (BGH GRUR 1958, 500ff.), „Buntstreifensatin" (BGH GRUR 1959, 292ff.), „Rosenthal-Vase" (BGH GRUR 1960, 244ff.), „Klemmbausteine" (BGH 41, 55ff.), „Modeneuheit" (BGH DB [das ist die Zeitschrift „Der Betrieb"] 1973, 816).

Fall 2: Grundzüge des Patentrechts

E erfindet eine Anlage, die es ermöglicht, zwei PKWs übereinander abzustellen. Er beantragt ein Patent dafür mit folgendem Schutzanspruch:

> „Anlage zum Abstellen eines zweiten Personenkraftwagens über einem ersten Wagen, mit einer beweglichen, von einer vom Kraftfahrzeug unabhängigen Kraftquelle aus antreibbaren Bühne, die durch seitlich von ihr angeordnete Mittel geführt ist, dadurch gekennzeichnet, daß für den ersten Wagen eine von einer für beide Wagen gemeinsamen Fahrbahn stufenlos in Längsrichtung der Anlage ausgehende Vertiefung vorhanden ist und die zum Abstellen des zweiten Wagens dienende bewegliche Bühne auf jeder Seite derart geführt ist, daß sie sich dem den unteren Wagen umhüllenden Raum anschmiegt."

Wird E ein Patent hierfür erlangen können?

Besprechung

Der Fall soll Sie in die Grundzüge des Patentrechts einführen. Dabei ist von § 1 PatG auszugehen, wonach Patente für neue Erfindungen erteilt werden, die eine gewerbliche Verwertung gestatten. Wann haben wir es aber mit einer **Erfindung** zu tun? Was wir mit Erfindung bezeichnen, hat immer mit der **Technik** zu tun. So muß eine Erfindung eine Lehre zum technischen Handeln oder eine Anweisung zum technischen Handeln darstellen. Gegenstand einer Erfindung können damit technische Verfahren, Anwendungen, Schaltungen, Maschinen, Vorrichtungen oder Apparate sein, nicht aber Dinge, die mit der Technik nichts zu tun haben wie etwa eine neue betriebswirtschaftliche Lehre oder Erkenntnis.

Die Erfindung muß am Tage der Anmeldung **neu** sein. Neu ist eine Erfindung nicht, wenn sie irgendwo in der Welt in öffentlichen Druckschriften schon beschrieben worden ist oder im Inland schon offenkundig benutzt worden ist (§ 2 PatG). Die Erfindung muß überdies einen Fortschritt der Technik darstellen und über das gewöhnliche fachmännische Können hinausgehen. **Fortschritt** und **Erfindungshöhe** sind erforderlich.

Sind diese Voraussetzungen erfüllt, so bedarf es für die Erteilung des Patents der Anmeldung bei dem Patentamt. Nach § 3 PatG steht das Recht auf das Patent demjenigen Erfinder zu, der die Erfindung zuerst beim Patentamt angemeldet hat. Das ist in der Regel nur möglich, wenn der Erfinder mit seiner Vertretung einen **Patentanwalt** oder vorher einen Rechtsanwalt beauftragt (§ 16 PatG). Welchen Inhalt die Anmeldung haben soll, das ist aus den **„Anmeldebestimmungen für Patente"**, einer Verordnung vom 30. 7. 1968 ersichtlich und in dem vom Patentamt herausgegebenen **„Merkblatt für Patentanmelder"** näher erläutert. Besonders wichtig ist die Erfinderbenennung, denn Anmelder und Erfinder müssen nicht identisch sein und wenngleich nach § 3 PatG der Erfinder das Recht auf das Patent hat, wird das Patent doch dem Anmelder erteilt. Lesen Sie hierzu bitte § 4ff. PatG.

Der Anmeldung schließt sich die in § 28 PatG vorgeschriebene Offensichtlichkeitsprüfung an. Ergeben sich keine Hindernisse gegen die Erteilung des Patents, so erfolgt die Bekanntmachung nach § 30 PatG. Diese Bekanntmachung oder Offenlegung ist wieder besonders wichtig, denn mit ihr treten einstweilen die gesetzlichen Wirkungen des Patents ein (§ 30 Abs. 1 PatG). Nach der Offenlegung haben Interessierte die Möglichkeit, ihre Einwendungen gegen die Erteilung des Patents vorzubringen, es schließt sich nun also erforderlichenfalls das Einspruchs- und Beschwerdeverfahren an. Erhebt niemand Einspruch oder bleiben Einsprüche erfolglos, so wird das Patent erteilt, die Erteilung im Patentblatt bekanntgemacht, das Patent in die Patentrolle eingetragen und die Patentschrift veröffentlicht (§ 35 PatG). Der Patentinhaber kann sich nun dagegen wehren, daß ein anderer seine Erfindung benutzt. Kann er selber aus der Erfindung keinen Nutzen ziehen, so kann er **Lizenzen** vergeben oder das Patent verkaufen und auf einen anderen übertragen.

Sowohl für den Patentinhaber als auch für den an der gewerblichen Nutzung der Erfindung Interessierten sind die **Grenzen des Patentschutzes** bedeutsam. Räumlich sind sie mit den Grenzen der Bundesrepublik und West-Berlins identisch. Der Staat, der Patentrechte verleiht, kann sie nur soweit schützen wie seine Machtbefugnisse reichen. Auch zeitlich ist das Patent beschränkt. Es dauert 18 Jahre (§ 10 PatG). Vielleicht erscheint Ihnen das als ein kurzer Zeitraum. Viele Patente erlöschen aber noch weit eher. Für die Erteilung des Patents verlangt der

Staat nämlich Gebühren. Sie sind gestaffelt und steigen in den späteren Jahren stark an. Für ein technisch überholtes oder nicht erfolgreich verwertbares Patent wird der Inhaber keine Gebühren zahlen wollen, oft wird er sogar auf das Patent verzichten.
In unserem Fall war die Frage gestellt, ob E ein Patent für seine Erfindung wird erlangen können. Wir können davon ausgehen, daß es sich um eine technische Erfindung handelt, die hinreichend Fortschritt und technische Erfindungshöhe bietet. Im Streit war in unserem Falle die Neuheit der Erfindung. Mit den hiergegen geltend gemachten Bedenken möchte ich Sie nicht beschäftigen, sondern mich mit dem Hinweis begnügen, daß Interessierte den Fall, der vom BGH entschieden wurde, in GRUR 1972, S. 538 nachlesen können. Das Ergebnis wird Sie interessieren: Die Erfindung ist patentiert worden.

Fall 3: Die Arbeitnehmererfindung

Der Kfz-Meister M, der in einer großen Vertragswerkstatt angestellt ist, beobachtet besonders häufig das Auftreten eines bestimmten Fehlers an einem bestimmten Modell. In seiner Freizeit entwickelt er mit Material und Maschinen seiner Firma F eine Vorrichtung, die das Entstehen dieses Fehlers sicher verhindert. Er zeigt das der Firmenleitung an. Diese beantragt und erhält ein Patent auf die Vorrichtung, schließt einen Lizenzvertrag mit der Vertragsfirma ab und erhält alsbald daraus laufende Bezüge. Als M davon erfährt, verlangt er von F die Zahlung einer Vergütung für seine Erfindung. Wie ist die Rechtslage?

Besprechung

Unser Fall zeigt das Spannungsverhältnis zwischen Erfinderrecht und Patentanmelder vor dem Hintergrund **arbeitsrechtlicher Beziehungen** auf. Mit der Erfinderbenennung allein ist die Problematik der Arbeitnehmererfindung nicht zu lösen, das hat sich gezeigt und das hat auch zur Entstehung eines besonderen Gesetzes geführt, nämlich des Gesetzes über Arbeitnehmererfindungen vom 25. 7. 1957 (ArbEG). Danach ist zwischen **Diensterfindungen** und **freien Erfindungen** zu unterscheiden. Diensterfindungen sind Erfindungen, die ein Arbeitnehmer während des Arbeitsverhältnisses macht, wenn sie entweder aus seiner Tätigkeit im Betriebe entstanden sind oder maßgeblich auf den Erfahrungen oder Arbeiten des Betriebes beruhen (§ 4 Abs. 2 ArbEG). Alle anderen Erfindungen eines Arbeitnehmers sind freie Erfindungen. Hinsichtlich der freien Erfindungen unterscheidet sich die Rechtsstellung des Arbeitnehmers kaum von der eines anderen Erfinders, es bestehen lediglich die Mitteilungs- und Anbietungspflichten der §§ 18, 19 ArbEG. Eine Diensterfindung hingegen muß der Arbeitnehmer gem. § 5 ArbEG dem Arbeitgeber melden und der Arbeitgeber hat alsdann das Recht, die Erfindung für sich in Anspruch zu nehmen. Tut er das nicht, so wird die Erfindung frei. Nimmt der Arbeitgeber hingegen die Erfindung in Anspruch, was durch schriftliche Erklärung gegenüber dem Arbeitnehmer zu geschehen hat, so gehen zwar einerseits alle Rechte aus der Diensterfindung auf ihn über, andererseits hat er aber auch an den Arbeitnehmer eine angemessene Vergütung zu zahlen (§ 7, 9 u. 10 ArbEG). Für die Bemessung dieser Vergütung gibt es Richtlinien. Maßgeblich für die Bemessung der vom Arbeitgeber an den Arbeitnehmer zu zahlenden Vergütung sind danach der Wert der Erfindung und ein Anteilsfaktor in Bruchteilen.

Dieser Anteilsfaktor bemißt sich nach Stellung und Lösung der Aufgabe und nach den Aufgaben und der Stellung des Arbeitnehmers im Betrieb.

Für unseren Fall ergibt sich daraus:
Die Erfindung des M ist eine Diensterfindung, weil sie aus der dem M im Betrieb obliegenden Tätigkeit entstanden ist. Daran ändert sich nichts dadurch, daß M die Erfindung in seiner Freizeit gemacht hat, für die Lösung der Aufgabe also offensichtlich Freizeit geopfert hat. Deshalb durfte F die Erfindung in Anspruch nehmen. F hätte das zwar durch Erklärung dem M gegenüber tun müssen. Wenn es aber in der Weise geschehen ist, daß F ein Patent für die Erfindung beantragt und erlangt hat, dann darf M aus der Nichteinhaltung der im Gesetz zu seinem Schutz vorgeschriebenen Form kein Nachteil erwachsen. M ist mithin berechtigt, gemäß §§ 9, 10 ArbEG eine angemessene Vergütung von F zu verlangen. Dabei wird M die Lizenzvergabe durch F zugute kommen, denn aus den Lizenzeinnahmen läßt sich der Wert der Erfindung unschwer herleiten.

Fall 4: Überblick über das Gebrauchsmusterrecht

Der Kriminalobermeister M war im Betrugskommissariat tätig und mit einem Fall befaßt, bei dem Betrug mit Losbriefen betrieben wurde. Der Angeklagte hatte die Losbriefe durch Eintauchen in Benzin transparent gemacht und durchleuchtet und auf diese Weise die Gewinne aus den Nieten aussondern können, ohne daß das nachher den Losbriefen noch anzusehen war.
M, dessen Onkel eine Druckerei betrieb, erlangte Kenntnis davon, daß es Druckfarben gibt, die in allen organischen Lösungsmitteln, also auch in Benzin, löslich sind. Das brachte ihn auf die Idee, daß der beschriebene Losmißbrauch verhindert werden könne, wenn solche Druckfarbe für den Druck der Lose – und sei es auch nur für einen geringen Teil – verwendet würde. Da er die gewerbliche Nutzbarkeit seines Gedankens erkannte, meldete er beim Patentamt ein Gebrauchsmuster mit folgendem Schutzanspruch an:

> „Verschlossenes Lotterielos, dadurch gekennzeichnet, daß für Teile des Aufdrucks eine in allen organischen Lösungsmitteln lösliche Druckfarbe verwendet wird".

Das Gebrauchsmuster wurde für M antragsgemäß in die Gebrauchsmusterrolle eingetragen.
Ein Jahr später stellte der Drucker D Losbriefe unter Verwendung der beschriebenen löslichen Druckfarbe her und verkaufte sie dem DRK zur Durchführung einer Sachwertlotterie.
M verlangte daraufhin von D, daß er es unterlasse, bei der Herstellung von Lotterielosen eine Druckfarbe zu verwenden, die in organischen Lösungsmitteln löslich ist. Kann er das verlangen?

Besprechung

Als Anspruchsgrundlage kommt § 15 GebrMG in Betracht. Danach kann von dem Verletzten auf Unterlassung in Anspruch genommen werden, wer den Vorschriften der §§ 5 und 6 GebrMG zuwider ein Gebrauchsmuster benutzt. Wie ein Gebrauchsmuster benutzt werden kann, das läßt sich in § 5 GebrMG nachlesen. Danach benutzt ein Gebrauchsmuster, wer es gewerbsmäßig nachbildet, die durch Nachbildung hervorgebrachten Gegenstände in den Verkehr bringt, sie feilhält oder gebraucht. D druckt Losbriefe unter Verwendung löslicher Druckfarbe. Wenn also M ein Gebrauchsmusterrecht an den mit löslicher Druckfarbe bedruckten Losbriefen erworben hat, dann wird man auch sagen müssen, daß D das Gebrauchsmuster nachbildet.

Unser Sachverhalt berichtet davon, daß M die Eintragung des Gebrauchsmusters in die Musterrolle erreicht hat. In § 3 GebrMG läßt sich nachlesen, daß die Gebrauchsmusterrolle beim Deutschen Patentamt in München geführt wird. Ferner ergibt sich aus dieser Vorschrift in Verbindung mit §§ 2 und 4 GebrMG, daß das Patentamt die Eintragung in die Gebrauchsmusterrolle nicht ohne Prüfung der Frage vornimmt, ob für den Gegenstand der Anmeldung bei Anwendung des § 1 GebrMG ein Gebrauchsmusterrecht überhaupt entstehen kann. Wenn jemand von einer Eintragung in die Gebrauchsmusterrolle erfährt und daran interessiert ist, daß der Anmelder kein Gebrauchsmusterrecht erwirbt, dann kann er darüber hinaus bei dem Patentamt die Löschung des bereits eingetragenen Gebrauchsmusters gemäß § 7ff. GebrMG beantragen. Wird seinem Antrage nicht stattgegeben, dann kann er gemäß § 10 GebrMG das Patentgericht anrufen.

Wenn aber das Gesetz dem Betroffenen ein formelles Verfahren vor dem Patentamt und dem Patentgericht zur Verfügung stellt, Einwendungen gegen die Eintragung eines Gebrauchsmusters in die Musterrolle geltend zu machen und sich gegen eine erfolgte Eintragung zur Wehr zu setzen, dann wird es als fraglich erscheinen müssen, ob der als Inhaber in die Gebrauchsmusterrolle Eingetragene es sich gefallen lassen muß, wenn ihm vor den ordentlichen Gerichten sein Gebrauchsmusterrecht streitig gemacht wird. Vielleicht kann M sich in seiner Auseinandersetzung mit D vor allen Angriffen des D gegen sein Gebrauchsmusterrecht sicher fühlen. D wird sicherlich die Schutzfähigkeit des Gebrauchsmusters für die Losbriefe anzweifeln, weil ihm die Idee mit der Verwendung der löslichen Druckfarbe eigenständig gekommen sei. Demgegenüber wird M auf sein eingetragenes Recht verweisen wollen und er wird D entgegenhalten wollen, D möge die Herstellung der Lose mindestens solange unterlassen, bis Patentamt und Patentgericht über den Bestand des Gebrauchsmusterrechts entschieden hätten.

Der Praktiker bezeichnet das Gebrauchsmuster als „kleines Patent". Er kennzeichnet damit zugleich die Gemeinsamkeiten und die Unterschiede zwischen Gebrauchsmusterrecht und Patentrecht. Gemeinsam ist beiden, daß sie eine Erfindung voraussetzen. Während jedoch an das Patent höhere Anforderungen gestellt werden, läßt sich die Eintragung in die Gebrauchsmusterrolle – und damit die Entstehung eines Gebrauchsmusterrechts leichter erreichen. Das Patentamt prüft beim Gebrauchsmuster im Gegensatz zum Patent die **Neuheit,** den **Fortschritt** und die **Erfindungshöhe** nicht, sondern überläßt es dem Interessierten, die Prüfung dieser Voraussetzungen für die Entstehung eines Gebrauchsmusterrechts im Löschungsverfahren zu betreiben.

Das eröffnet die Möglichkeit, ein Gebrauchsmusterrecht zu erlangen, obgleich die angemeldete Idee nicht neu, nicht hinreichend fortschrittlich oder hinreichend anspruchsvoll ist. Wer auf diese Weise eine formelle Berechtigung erlangt hat, dem darf es aber nicht gestattet sein, die freie Benutzung einer Idee stärker als notwendig zu behindern. Das würde geschehen, wenn man es ihm erlaubte, den Wettbewerber solange an der Herstellung seines Erzeugnisses, hier an dem Druck der Losbriefe zu hindern, bis dieser im Löschungsverfahren vor dem Patentamt obsiegt hat. Im Widerstreit der beiderseitigen Interessen muß das Gebrauchsmusterrecht anders als das Patentrecht seine Existenzberechtigung auch vor der kritischen Prüfung durch die ordentlichen Gerichte erweisen.

Unser Fall erlaubt es uns deshalb nicht, die Parteien auf den Sachverstand des Patentamtes zu verweisen. Der angerufene Richter und der von ihm bemühte Sachverständige werden sich eigene Gedanken darüber machen müssen, ob man ein Gebrauchsmusterrecht an einem solchen Losbrief erlangen kann. Zu überlegen ist, ob ein solcher Losbrief eine Arbeitsgerätschaft oder ein Gebrauchsgegenstand ist und ob wir es bei dem Bedrucken des Losbriefs mit einer in allen orga-

nischen Lösungsmitteln löslichen Druckfarbe mit einer neuen Gestaltung, Anordnung oder Vorrichtung zu tun haben, die dem Gebrauchszweck der Losbriefe dienen soll. Zwei Tatbestandsmerkmale des § 1 GebrMG lassen sich ohne Schwierigkeiten feststellen: Bei dem Losbrief handelt es sich um einen Gebrauchsgegenstand und das Bedrucken mit löslicher Farbe soll dem Gebrauchszweck dienen. Umgekehrt läßt sich feststellen, daß der Losbrief nicht mit einer Vorrichtung versehen wird, wenn er mit der besonderen Farbe bedruckt wird. Es wird also darauf ankommen, ob man in der Verwendung der besonderen Farbe für den Druck eine neue Gestaltung oder Anordnung sehen kann. Nun läßt sich aus den vom Gesetz in § 1 GebrMG gebrauchten Begriffen und aus dem Sinn des Gesetzes herleiten, daß der Neuerungsvorschlag räumlich-körperlicher Natur sein muß. Dem Gebrauchsmusterschutz ist nur ein durch eine **Raumform** bestimmter Erfindungsgedanke zugänglich. Allerdings genügt eine neue Gestaltung oder Anordnung in zwei Dimensionen einer ebenen Fläche eines dreidimensionalen Gebrauchsgegenstands, wie ihn auch ein Lotterielos verkörpert. Als eine neue Anordnung oder Vorrichtung läßt sich auch ein Stoffaustausch verstehen, wenn der Vorteil des Musters oder Modells gerade in der Verwendung des neuen Stoffes liegt. Deshalb kann die Wahl einer neuen Zusammensetzung des Farbaufdrucks auf einen Teil eines Gebrauchsgegenstands dann als Gebrauchsmuster geschützt werden, wenn durch sie ein technischer Effekt und eine technische Förderung des Gebrauchszwecks des Gebrauchsgegenstands eintritt.
Die Voraussetzungen für die Entstehung eines Gebrauchsmusterrechts sind damit erfüllt. M hat mit der Eintragung in die Gebrauchsmusterrolle ein Musterrecht erworben und ist berechtigt, D die Nachbildung zu untersagen.
Allerdings dauert der Gebrauchsmusterschutz nicht unbegrenzt lange. In § 14 GebrMG ist die Schutzdauer auf 3 Jahre mit Verlängerungsmöglichkeit um weitere drei Jahre festgelegt. Damit ist die Schutzdauer erheblich kürzer als beim Patent festgelegt, das gemäß § 10 Abs. 1 PatG längstens 18 Jahre Patentschutz gewähren kann, eine Dauer, die allerdings die wenigsten Patente erreichen, weil sich vielfach die Zahlung der progressiv steigenden Jahresgebühren nicht lohnt und das Patent bei Nichtzahlung der Gebühren erlischt.

Den soeben behandelten Fall „Lotterielos" hat der Bundesgerichtshof entschieden. Interessierte können die Entscheidung in der Zeitschrift „Gewerblicher Rechtsschutz und Urheberrecht" (GRUR) 1969, S. 184ff. nachlesen.

Fall 5: Überblick über das Geschmacksmusterrecht

F stellt eine leicht trapezförmige Schaufel aus rotem Kunststoff her. Die Vorderkante ist mit einem Blechstreifen eingefaßt, der mit vier Nieten an dem Schaufelblatt befestigt ist. Das Schaufelblatt ist um seine Querachse nach oben gewölbt, die beiden Seiten und das hintere Ende des Schaufelblattes sind fast senkrecht hochgezogen und am Ende abgerundet. Die Führung für den Schaufelstiel reicht nach unten bis über die Mitte des Schaufelblatts. Rechts und links von der Stielführung befinden sich je zwei Verstärkungsrippen (Sicken), die mit einer Neigung zur Mittelsenkrechten des Schaufelblatts nach unten verlaufen.
F hat beim zuständigen Amtsgericht die Eintragung dieser Schaufel in das Musterregister beantragt und ein Muster der Schaufel hinterlegt.

W stellt gleichartige Schaufeln her, verwendet jedoch grauen Kunststoff. Der Blechstreifen an der Vorderkante ist bei seiner Schaufel etwas dunkler und die Nieten kupferfarbig. Sie sind jedoch in gleicher Weise angeordnet. Die Stielführung ist kürzer, breiter und dicker. Sie endet schon vor der Mitte des Schaufelblattes. Die Sicken sind schmaler und weniger ausgeprägt, die seitlichen Enden und das obere Ende des Blattes sind weiter nach oben hochgezogen als bei der von F hergestellten Schaufel. F nimmt W auf Unterlassung der Herstellung dieser Schaufel in Anspruch.

Besprechung

Als Anspruchsgrundlage kommen §§ 15 GeschmMG in Verbindung mit § 97 UrhG in Betracht. Danach kann der Berechtigte von dem Verletzer die Unterlassung der Nachbildung des Musters verlangen. Voraussetzung ist allerdings, daß der Berechtigte ein Geschmacksmusterrecht erworben hat und daß dieses Muster von dem Verletzer nachgebildet wird.

Es muß also zunächst geprüft werden, ob F ein Geschmacksmusterrecht erworben hat. Der Sachverhalt berichtet, er habe die Eintragung der Schaufel bei dem zuständigen **Amtsgericht** beantragt und ein Muster hinterlegt. Es ist Ihnen sicherlich schon aufgefallen, daß für Geschmacksmuster nicht (bzw. nur ausnahmsweise) das Patentamt zuständig ist. Der Urheber kann sich vielmehr an das nächste Amtsgericht wenden. Nun gibt es in Deutschland sehr viele Amtsgerichte und infolgedessen auch sehr viele Richter und Rechtspfleger, die mit der Anmeldung von Gebrauchsmustern befaßt werden. Deshalb ist es schlechthin unmöglich, dem Amtsgericht, bei dem ein Muster angemeldet und niedergelegt wird, die Prüfung zu übertragen, ob denn an dem angemeldeten und niedergelegten Muster ein Geschmacksmusterrecht wirklich entstehen kann. Ein solches Recht kann ja nach § 1 Abs. 2 GeschmMG nur entstehen, wenn es sich um ein neues und eigentümliches Erzeugnis handelt. Wie soll aber das Amtsgericht in Flensburg in die Lage versetzt werden, sich ein Urteil über die Neuheit und Eigentümlichkeit eines Musters zu bilden, wenn die Möglichkeit besteht, daß ein gleiches Muster bei irgendeinem anderen Amtsgericht zwischen Flensburg und Konstanz ebenfalls angemeldet und niedergelegt worden ist. Wenn also das Gesetz in § 9 GeschmMG die Führung des **Musterregisters** den Amtsgerichten übertragen hat, dann ist diese Dezentralisierung im Geschmacksmusterrecht nur möglich, weil in § 10 GeschmMG die Eintragung in das Musterregister ohne Prüfung der Berechtigung zu erfolgen hat. Infolgedessen bestimmt das Gesetz auch nicht, daß durch die Eintragung in das Musterregister in jedem Falle ein Geschmacksmusterrecht entsteht, es stellt vielmehr in § 13 GeschmMG lediglich die **Vermutung** auf, daß derjenige, der das Muster angemeldet und niedergelegt hat, bis zum Gegenbeweise als Urheber gilt. Daraus lassen sich namentlich zwei wichtige Schlüsse herleiten: Wer bereits ein Geschmacksmusterrecht erworben hat, den braucht es nicht zu beunruhigen, daß ein anderer irgendwo ein gleiches Muster anmeldet, denn er kann die Priorität seiner Anmeldung leicht nachweisen. Wer wegen einer vermeintlichen Nachbildung in Anspruch genommen wird, der kann sich trotz der Anmeldung und der Eintragung darauf berufen, daß wegen Fehlens der Voraussetzungen des § 1 GeschmMG ein Musterrecht gar nicht entstehen konnte. Ob die Anmeldung zur Entstehung eines Musterrechts geführt hat, das wird letztlich erst im Rechtsstreit geklärt.

Wann ein Musterrecht nach § 1 GeschmMG entstehen kann, das ist im Gesetz nur recht unvollkommen beschrieben. Es ist nur von einem Muster und Modell und von Neuheit und Eigentümlichkeit die Rede. Welcher Art das Muster oder Modell sein muß, läßt sich vielleicht ein wenig besser eingrenzen, wenn man in § 2 GeschmMG liest, daß von in einer gewerblichen Anstalt beschäftigten Zeichnern, Malern oder Bildhauern die Rede ist. Auch wenn in § 4 des Gesetzes von der freien

Benutzung von Motiven eines Musters oder Modells die Rede ist, deutet das darauf hin, daß sich die Schutzobjekte von GebrMG und GeschmMG grundlegend unterscheiden. Im Gebrauchsmusterrecht hatten wir uns mit der technischen Förderung des Gebrauchszwecks zu befassen, im Geschmacksmusterrecht ist der **Formensinn** des Menschen, ist sein **ästhetisches Gefühl** angesprochen. Weil es sich um ein gewerbliches Schutzrecht handelt, muß Gegenstand des Rechts allerdings wieder ein gewerblich nutzbares Muster sein. Doch geht es hier um die **Formgebung, Flächenaufteilung** und **Linienführung,** also um die Gefälligkeit oder gar Schönheit des Musters, nicht aber um eine Verbesserung seines Gebrauchszwecks.
Die von F hergestellte Schaufel ist in ihrer Formgebung, in der Flächenaufteilung des Schaufelblatts und in der Linienführung namentlich bei den Sicken nicht ausschließlich nach technischen Erfordernissen gestaltet. Die beschriebenen Elemente der Formgebung sind vielmehr geeignet, das geschmackliche Empfinden des Betrachters, seinen Formensinn anzusprechen. Damit ist die Gestaltung des Schaufelblatts dem Geschmacksmusterschutz zugänglich.
Erforderlich sind weiter Neuheit und Eigentümlichkeit des Musters. Was die **Neuheit** angeht, kann F sich auf die Vermutung des § 13 GeschmMG berufen. W müßte erforderlichenfalls beweisen, daß das von F hergestellte Muster nicht neu war, und wir können nach dem Sachverhalt annehmen, daß ihm das nicht gelingen wird. **Eigentümlich** im Sinne des § 1 Abs. 2 GeschmMG ist ein Muster dann, wenn es in den für die ästhetische Wirkung maßgebenden Merkmalen als das Ergebnis einer eigenpersönlichen form- oder farbenschöpferischen Tätigkeit erscheint, die über das schlichte Durchschnittskönnen eines Muster- oder Modellgestalters hinausgeht. Dabei kommt es auf den Gesamteindruck an und der spricht bei der beschriebenen Schaufel des F für Eigentümlichkeit.

Die durch den Geschmacksmusterschutz eröffneten Möglichkeiten sind danach von besonderer Bedeutung für den Designer. Er hat die Möglichkeit, für die **Dauer von längstens 15 Jahren** die Nachbildung eines neuen und eigentümlichen Musters oder Modells, dessen Urheber er ist, nach Anmeldung und Hinterlegung zu untersagen oder doch von seinem Einverständnis abhängig zu machen.

In unserem Falle kann F dem W die Herstellung der grauen Kunststoffschaufel allerdings nur dann untersagen, wenn es sich bei ihr um eine **Nachbildung** der roten Schaufel des F handelt. Mit einer Nachbildung eines Musters i. S. d. § 1 GeschmMG hat man es aber nur dann zu tun, wenn infolge der festzustellenden Übereinstimmung der für die geschmackliche Wirkung charakteristischen Elemente im wesentlichen derselbe Gesamteindruck vermittelt wird. Die graue Schaufel zeigt jedoch nach der im Sachverhalt wiedergegebenen Beschreibung so erhebliche Abweichungen von der roten namentlich in den Proportionen und in der Linienführung, daß nicht derselbe Gesamteindruck entsteht. Damit haben wir es nicht mit einer Nachbildung zu tun. Obgleich F ein Geschmacksmusterrecht für seine rote Schaufel erworben hat, kann er W die Herstellung der grauen Schaufel deshalb nicht verbieten, weil es sich nicht um eine Nachbildung handelt.

Auch diesem Fall liegt eine Entscheidung des Bundesgerichtshofs zugrunde. Sie ist in GRUR 1967 S. 156ff. veröffentlicht.

Fall 6: Einführung in das Warenzeichenrecht

B betrieb in Oberasbach bei Fürth eine Brotbäckerei. Er vertrieb einen Teil seiner Produktion unter der Bezeichnung „Asbacher Landbrot". S, Hersteller des bekannten Weinbrands „Asbach Uralt" und Inhaber mehrerer Warenzeichen für „Asbach" verlangt von B die Unterlassung der Benutzung des Wortes „Asbacher" für sein Brot.

Besprechung

Als Anspruchsgrundlage kommen §§ 15, 24 und 31 des **Warenzeichengesetzes** (WZG) in Betracht. Nach § 24 WZG kann der Zeicheninhaber von dem Verletzer Unterlassung verlangen, denn er ist nach § 15 WZG allein berechtigt, das für ihn eingetragene Zeichen zu benutzen und nach § 31 WZG erstreckt sich der Schutz auf ähnliche, **verwechselbare Zeichen,** weil ein Schutz unvollkommen wäre, der sich auf ein völlig identisches Zeichen beschränken würde.

Sind die Voraussetzungen der genannten Vorschriften gegeben? Nur wenn S selbst Zeicheninhaber ist, wird er sich dagegen wehren können, daß B seine Ware mit einem Zeichen versieht, das S zusteht. Wir werden uns zunächst damit befassen müssen, was ein Warenzeichen überhaupt ist und weshalb man ein Recht daran erwerben kann.
Was ist ein Warenzeichen? Es ist ein Kennzeichen mit dem der Hersteller seine Ware versieht, damit sie von der Ware anderer Hersteller unterschieden werden kann. Damit hat ein Warenzeichen in erster Linie den Zweck, **auf den Hersteller hinzuweisen.** Denken Sie bitte an die verschiedenen Automarken. Schon jedes Kind kann den VW vom Opel, den Opel vom Ford, den Ford vom Mercedes unterscheiden und weiß, daß die Wagen jeweils aus verschiedenen Herstellerwerken kommen. Natürlich hat ein eingeführtes Warenzeichen auch zugleich eine manchmal sehr große **Werbefunktion.** Lassen Sie uns wieder an die Autos denken. Hier gewährleistet die Marke geradezu einen festen Kundenstamm, es gibt Zeitgenossen, die nicht im Entferntesten daran denken, einen anderen PKW als einen Mercedes zu kaufen, andere sind eingeschworene Anhänger von BMW, VW, Opel oder Ford. Mit dem Warenzeichen verbindet sich vielfach eine Vorstellung von gleichbleibender oder verbesserter Qualität, in diesem Falle spricht man von Markenware oder von einem **Markenartikel.** Bei einem einzigen Bummel durch eine Innenstadt werden Sie Hunderte von Warenzeichen registrieren können, wenn Sie sich darum bemühen.
Woraus besteht ein Warenzeichen? Zu unterscheiden sind **Wortzeichen, Bildzeichen und kombinierte Zeichen.** Sie können selbst eine Fülle von Beispielen für jede Kategorie finden, wenn wir wieder bei den PKWs bleiben wollen, dann ist „Ford" ein Wortzeichen, der Mercedes-Stern hingegen ein Bildzeichen. Verbindet der Hersteller Wort und Bild miteinander, so haben wir es mit einem kombinierten Zeichen zu tun. Natürlich widmet die Werbung dem Warenzeichen ihre besondere Aufmerksamkeit, um es bekannt und immer bekannter und womöglich berühmt zu machen. Fernsehwerbung hat nun die Besonderheit, außer Bild und Wort auch noch über Ton und Klang zu verfügen. So wird langsam auch noch die besondere Melodie oder der besondere Klangeffekt zum Kennzeichen für eine bestimmte Ware. Warenzeichenschutz können diese akustischen Unterscheidungsmerkmale aber nicht erlangen, insoweit hat sich der Gesetzgeber der Entwicklung noch nicht angepaßt.
Aber es gibt auch viele Wort- und Bildzeichen, die als Warenzeichen ungeeignet sind. Gemäß § 4 Abs. 1 WZG kann man ein Warenzeichenrecht an **Freizeichen** nicht erwerben. Freizeichen sind Zeichen, die infolge allgemeinen und freien Gebrauchs im Verkehr nicht mehr als Individualzeichen gelten. Denken Sie bitte an Magenliköre, die unter der Bezeichnung „Bonekamp" im Handel sind. Darunter wird man früher den Magenlikör eines bestimmten Herstellers verstanden haben, wie das heute noch bei „Underberg" der Fall ist. Bonekamp nennen nun aber viele miteinander im Wettbewerb stehende Firmen ihren

Magenlikör. Das Wort deutet nicht mehr auf einen bestimmten Hersteller hin und ist damit Freizeichen geworden. Ähnlich steht es mit dem Totenkopf zur Kennzeichnung von Giften, mit der Gerstenähre für Malzkaffee, mit dem Wort Vaseline für Mineralfette, mit dem Äskulapstab für medizinische und pharmazeutische Waren.
Darüber hinaus gibt es eine Reihe weiterer Zeichen, die nicht in die Zeichenrolle eingetragen werden können. Lesen Sie bitte den Katalog des § 4 Abs. 2 WZG durch. Dabei wird Ihnen Ihnen vielleicht auffallen, daß beispielsweise nach § 4 Abs. 2 Ziff. 1 WZG ein nur aus Zahlen bestehendes Zeichen nicht in die Zeichenrolle eingetragen werden kann. Gleichwohl werden Sie nicht lange nachdenken müssen, bis Ihnen solche Zeichen einfallen, z.B. die berühmte Marke 4711 oder das Zeichen 8×4 für Seife. Es läßt sich nicht verkennen, daß auch solche ursprünglich nicht unterscheidungskräftigen Zeichen sich im **Verkehr durchsetzen** können. In diesem Falle läßt das Gesetz in § 4 Abs. 3 WZG die Entstehung eines Zeichenrechts an solchen Zeichen zu.
Wer seine Ware mit einem Warenzeichen versehen und unter diesem Warenzeichen bekanntmachen will, der wird sich vergewissern müssen, ob er ein eintragungsfähiges Warenzeichen gewählt hat und ob er mit seinem Warenzeichen nicht die Rechte Dritter verletzt. Ist das nicht der Fall, so wird er das Warenzeichen zur Eintragung in die **Zeichenrolle** anmelden. Die Zeichenrolle wird beim Deutschen Patentamt in München geführt, dort muß demnach der Antrag gestellt werden. Im Gegensatz zum Geschmacksmuster sind also beim Warenzeichen ebenso wie beim Patent und beim Gebrauchsmuster die Erteilung des Schutzrechts und die Verlautbarung zentralisiert. Die besondere Funktion des Warenzeichens und seine große wirtschaftliche Bedeutung würden eine dem Geschmacksmusterrecht entsprechende Lösung auch schwerlich zulassen. Mit der Eintragung in die Zeichenrolle entsteht das Zeichenrecht, doch sieht das Gesetz zum Schutz älterer Rechte auch hier ein Widerspruchsverfahren vor (§§ 5ff. WZG).
Ist die Eintragung erlangt und sind etwaige Widersprüche erfolglos geblieben, so erwirbt der Anmelder ein Schutzrecht an dem Warenzeichen auf die **Dauer** von 10 Jahren (§ 9 Abs. 1 WZG). Die Besonderheit des Warenzeichenrechts besteht nun auch darin, daß das Schutzrecht auf Antrag des Anmelders bzw. des Schutzrechtsinhabers unbegrenzt verlängert werden kann, und zwar um jeweils 10 Jahre. Denken Sie bitte an die enorme Bedeutung, die besonders berühmte Marken, wie etwa „Agfa", „Nivea", „Chanel" oder „Bayer" für das jeweilige Unternehmen haben. Wägen Sie dann bitte ab, ob und welches Interesse die Allgemeinheit daran haben kann, daß diese Schutzrechte auslaufen, und stellen Sie dieselben Überlegungen für Patent, Gebrauchsmuster und Geschmacksmuster an. Diese Überlegungen haben Sie gewiß die Unterschiede und die Vertretbarkeit der gesetzlichen Lösungen erkennen lassen.

Auch den Weinbrand „Asbach Uralt" wird man heute in Westdeutschland den sogenannten **berühmten Marken** zuzählen können. Wir können davon ausgehen, daß S Zeichenrechte für dieses Warenzeichen innehat. Wenn B nun sein Brot „Asbacher Landbrot" nennt, sind dann nicht alle Voraussetzungen für einen Unterlassungsanspruch aus §§ 15, 24, 31 WZG erfüllt?
Dagegen kann man nur einwenden, daß es sich bei Brot und Weinbrand um verschiedene Waren handelt, deren Herstellung sich auch sehr voneinander unterscheidet. Ein Warenzeichen soll ja auf den Hersteller hinweisen. Nun wird jemand, der handwerklich Brot backt oder fabrikationsmäßig Brot herstellt, in der Regel nicht zugleich auch Hersteller von Weinbrand oder von anderen Spirituosen sein. Wer also „Asbacher Landbrot" kauft, der wird wohl nicht in die Versuchung kommen zu glauben, dies Brot sei in Rüdesheim bei dem Hersteller des „Asbach Uralt" gebacken.
Voraussetzung für einen Anspruch aus §§ 15, 24, 31 WZG ist daher auch die **Warengleichartigkeit** der verwechslungsfähig bezeichneten Artikel. Wo sie fehlt, ist ein Schutzanspruch aus den bezeichneten Vorschriften nicht gegeben.

Bevor wir nun allerdings zu dem Ergebnis kommen, S habe keinen Unterlassungsanspruch gegen B, sollten wir uns die Folgen überlegen, die sich dann für eine berühmte Marke ergeben. Darf B sein Brot „Asbacher Landbrot" nennen, dann werden auf dem Markt möglicherweise bald sehr viele Artikel auftauchen, die ähnlich bezeichnet werden, z.B. Asbacher Mettwurst, Asbacher Käse, Asbacher Marzipan etc. Die **außerordentlich große Verkehrsdurchsetzung** von „Asbach Uralt" kann auf diese Weise beeinträchtigt werden. So hat denn auch der Bundesgerichtshof in der diesem Fall zugrundeliegenden Entscheidung (wie Sie in GRUR 1973 S. 94 nachlesen können) ausgeführt, der Durchsetzungsgrad des Warenzeichens „Asbach Uralt" sei so groß, daß es sich um eine berühmte Marke handele und die Bezeichnung „Asbacher" sei geeignet, die Einmaligkeit und den Werbewert von „Asbach" zu verwässern, weil der Verkehr durch das Nebeneinander beider Bezeichnungen gezwungen sei, zur Unterscheidung der Erzeugnisse auf zusätzliche Hinweise zu achten oder Überlegungen anzustellen über etwaige Zusammenhänge beider Firmen. B ist mit dieser Begründung, zur Unterlassung des Gebrauchs der Bezeichnung „Asbacher" verurteilt worden. Allerdings kann der Anspruch in solchen Fällen der **Verwässerungsgefahr berühmter Marken** nicht aus §§ 15, 24, 31 WZG hergeleitet werden, weil danach Warengleichartigkeit erforderlich wäre. Anspruchsgrundlage ist in diesen Fällen vielmehr § 12 BGB, weil die Bezeichnung „Asbach" nicht nur Warenzeichen und Marke, sondern zugleich Name und Unternehmenskennzeichen des Herstellers S ist, bzw. diese Funktion erlangt hat.

Fall 7: Warenzeichenrecht, Verwechslungsgefahr, Vorrats- und Abwehrzeichen, Benutzungszwang

K stellt Spirituosen her. Er beabsichtigte im Jahre 1951 einen Doppelkorn unter der Bezeichnung „Stallmeister" auf den Markt zu bringen, deshalb meldete er damals die Bezeichnungen „Stallmeister" und „Forstmeister" zur Eintragung als Warenzeichen für Spirituosen beim Bundespatentamt an. In der Folgezeit benutzte er lediglich die Bezeichnung „Forstmeister", auf seinen Antrag wurde gleichwohl im Jahre 1953 auch das Zeichen „Stallmeister" als Warenzeichen für Spirituosen für ihn in die Zeichenrolle eingetragen. B begann im Jahre 1965 mit der Produktion eines Doppelwacholders, den er unter der Bezeichnung „Landesstallmeister" auf den Markt brachte. Auf seinen Antrag wurde noch im selben Jahre „Landesstallmeister" als Warenzeichen für Spirituosen für ihn eingetragen. Nach Antragstellung, aber noch vor der Eintragung von „Landesstallmeister" brachte nun auch K einen Doppelkorn unter der Bezeichnung „Stallmeister" auf den Markt und verlangte von B die Unterlassung der Benutzung der Bezeichnung „Landesstallmeister".

Besprechung

Als Anspruchsgrundlage kommen §§ 15, 24 und 31 WZG in Betracht. Nach § 24 WZG darf niemand seine Ware mit dem geschützten Warenzeichen eines anderen versehen, nach § 31 besteht dieser Anspruch auch dann, wenn es sich nicht um eine identische, sondern nur um eine verwechslungsfähige Bezeichnung handelt.

Damit stellt sich zunächst die Frage nach der **Verwechslungsfähigkeit** der beiden Bezeichnungen „Stallmeister“ und „Landesstallmeister“. Zu fragen wäre freilich auch nach der Verwechslungsfähigkeit der beiden Bezeichnungen „Forstmeister“ und „Landesstallmeister“, doch soll diese Frage im Rahmen unseres Falles ununtersucht bleiben. Die beiden Bezeichnungen „Stallmeister“ und „Landesstallmeister“ werden Ihnen mit Recht als verwechslungsfähig erscheinen, doch lassen Sie uns die Gelegenheit benutzen, die Grundsätze kennenzulernen, die für die Verwechslungsfähigkeit von Warenbezeichnungen erarbeitet worden sind.

Hierbei handelt es sich um drei verschiedene Prüfungskriterien. Sie haben je nach der Ware, um die es sich handelt, ein ganz unterschiedliches Gewicht.
Bei Waren, die man „über die Theke“ verlangt, bei denen es also in erster Linie auf die akustische Wahrnehmung ankommt, steht die Verwechselbarkeit nach dem **Klang** im Vordergrund. Hier wird man beispielsweise an Waren zu denken haben, die im Lärm einer Bahnhofshalle an Verkaufsständen gehandelt werden, so an Zigaretten. Wer es sich etwa einfallen ließe, eine Zigarettenmarke „HC“ zu nennen, der würde sehr schnell Ärger bekommen.
Andere Waren danken ihren Verkaufserfolg weniger dem Klangbild als dem **Schriftbild** ihrer Bezeichnung. Denken Sie in diesem Zusammenhange an Bezeichnungen wie „Omo“ oder „Ata“. Die Inhaber dieser Warenzeichen werden der Verwechselbarkeit nach dem Schriftbild besondere Aufmerksamkeit widmen müssen.
Schließlich hat der **Sinngehalt** bei bestimmten Waren seine erhebliche Bedeutung. Das gilt namentlich in Bereichen, in denen das Warenzeichen Fachkenntnisse des Verbrauchers anspricht oder dessen, der über den Verbrauch entscheidet. Zu denken ist also in erster Linie an die Arzneimittel und Pharmazeutika. Hier wird der Eingeweihte z. B. unter einem Arzneimittel mit den Endsilben „Spasmin“ ein krampflösendes Mittel verstehen und der Gebrauch der Endsilben „Spasmolin“ für ein nicht-krampflösendes Mittel läßt Verwechslungsgefahr entstehen – und eine gefährliche dazu.

Zurück zu unserem Fall: Die Feststellung, daß „Stallmeister“ und „Landesstallmeister“ verwechslungsfähige Bezeichnungen sind, hilft uns nicht viel weiter, denn nach dem Sachverhalt ist für K „Stallmeister“ und für B „Landesstallmeister“ in die Zeichenrolle eingetragen worden. Damit haben beide Kontrahenten Zeichenrechte erworben und für denjenigen, der sich mit ihrem Streit zu befassen hat und der ihn entscheiden muß, kann es nur darum gehen, wessen Recht das bessere ist.
Vom Grundsatz her muß die Antwort auf diese Frage leicht sein. Der **Priorität** gebührt der Vorzug, das ältere Recht muß das bessere sein. Wenn Sie unseren Sachverhalt aber noch einmal durchlesen, dann werden Sie wahrscheinlich ein Fragezeichen an den Rand setzen wollen, denn K hat ja sein Schutzrecht für die Bezeichnung „Stallmeister“ in all den Jahren seit der Eintragung nicht benutzt und Sie werden die Frage stellen wollen, ob er denn gleichwohl seinem Konkurrenten B nun die Benutzung der Bezeichnung „Landesstallmeister“ verwehren darf.

Welchen Einfluß hat also die **Benutzung** und die **Nichtbenutzung** eines Warenzeichens auf den Bestand des Zeichenrechts? Diese Frage wird man zeitlich aufgliedern müssen:
So wird man zunächst die Frage stellen können, ob man ein Schutzrecht nur an solchen Zeichen erwerben kann, die man schon benutzt. Diese Frage stellen, heißt schon, sie zu verneinen. Niemand kann von einem Hersteller verlangen, eine ungeschützte Bezeichnung für einen neuen Artikel zu verwenden, den er mit viel Aufwand auf den Markt bringen will. Gerade in der Anlaufphase ist ein solcher Artikel zu anfällig, als daß Angriffe von Wettbe-

werbern mit gleichen oder verwechslungsfähigen Warenbezeichnungen riskiert werden können.
Wir werden unsere Frage umformulieren müssen:
Kann man ein Schutzrecht nur an solchen Zeichen erwerben, die man auch wirklich benutzen möchte, ist also die **Benutzungsabsicht** Voraussetzung für den Erwerb eines Warenzeichenrechts. Wer diese Frage so stellt, der fordert eine weitere Frage heraus: Wenn Benutzungsabsicht für Schutzrechtserwerb erforderlich ist, wann muß diese Absicht dann in die Tat umgesetzt werden?
Alle diese Fragen sind von großer praktischer Bedeutung. So bieten sich gelegentlich sinnverwandte Bezeichnungen geradezu an, für gleichartige Waren benutzt zu werden. Solche Einfälle können Nachwirkungen über Jahrzehnte haben. So bot Opel bereits in den dreißiger Jahren dieses Jahrhunderts den „Kadett" an und schon damals gab es auch den „Kapitän" und den „Admiral". Wer gleichartige Waren anbieten möchte, wird vielfach interessiert sein, möglichst viele sinnverwandte Bezeichnungen zur Verfügung zu haben. Das Bedürfnis nach **„Vorratszeichen"** ist unabweisbar. Es begegnet auch keinen großen rechtlichen Schwierigkeiten, sich mit der Zulässigkeit von Vorratszeichen abzufinden, denn ein solches Zeichen wird der Berechtigte ja später einmal benutzen wollen, sonst würde er sich so nicht bevorraten.
Mit einem entsprechend dimensionierten Vorrat an Zeichenrechten kann man sich aber zugleich wirkungsvoll gegen Angriffe von Wettbewerbern schützen. Wenn eine Automobilserie mit den Bezeichnungen „Admiral", „Kapitän" und „Kadett" erfolgreich ist, dann wird für Wettbewerber ein großer Anreiz bestehen, in der unteren Mittelklasse ein Fahrzeug unter der Bezeichnung „Kornett" auf den Markt zu bringen. Schon dieser Anreiz kann aber beseitigt werden, wenn der Hersteller der Serie sich ein Zeichenrecht auch für die Bezeichnung „Kornett" eintragen läßt, auch wenn er diese Bezeichnung niemals benutzen will. Wir sprechen in einem solchen Falle von einem **„Abwehrzeichen"**. Das Bedürfnis nach dem Schutz solcher Zeichen erscheint legitim, andererseits kann man es auch nicht hinnehmen, daß Rechte an Zeichen bestehen, die über die Jahre hinweg nicht benutzt werden.
Mit diesem Interessengegensatz hat sich die am 1. 1. 1968 in Kraft getretene bedeutsame Änderung des WZG befaßt und eine Lösung gefunden, die man mit dem Schlagwort **„mittelbarer Benutzungszwang"** am besten kennzeichnen kann. Damals sind die Bestimmungen des § 5 Abs. 7 und die des § 11 Abs. 1 Ziff. 4 WZG in ihrer heutigen Form in das Gesetz aufgenommen worden. Danach wird ein Warenzeichen **löschungsreif** und muß auf Antrag eines Dritten gelöscht werden, wenn der Zeicheninhaber es in den letzten fünf Jahren nicht benutzt hat.

Ist aber ein Warenzeichen löschungsreif, dann muß das dem Zeicheninhaber im Verletzungsstreit auch entgegengehalten werden können. B muß also in unserem Falle K entgegenhalten können, daß das Schutzrecht an dem Zeichen „Stallmeister" wegen der langjährigen Nichtbenutzung keinen Bestand mehr haben und dem Zeichenrecht an der Bezeichnung „Landesstallmeister" nicht im Wege stehen kann. Es liegt auf der Hand, daß sich an diesem Ergebnis auch nichts ändern darf, wenn K nun nach so langer Zeit kurz vor der Entstehung des Zeichenrechts an „Landesstallmeister" sein Zeichen „Stallmeister" doch noch benutzt.

Sie können diese Entscheidung in der Zeitschrift „Der Betriebs-Berater" 1971, S. 972 nachlesen. Ich habe sie allerdings im Sachverhalt und auch in der Lösung dem Zeitablauf angepaßt.

Fall 8: Die rechtliche Bedeutung der Ausstattung einer Ware

K ist eine unter der Kurzbezeichnung „adidas“ bekannte Sportschuhfabrik. Sie versieht seit 1948 die aus ihrer Fabrikation stammenden Sportschuhe mit den charakteristischen drei Streifen. Diese drei Streifen verwandte sie im Jahre 1967 auch bei Trainingsanzügen, die sie in Zusammenarbeit mit einer anderen Firma auf den Markt brachte. Die Streifen verliefen seitlich an den Armen und an den Hosenbeinen.
B stellt Trainingsanzüge mit ähnlichen Streifen an Armen und Hosenbeinen her, nur tragen die von B hergestellten Trainingsanzüge nicht drei sondern vier Streifen gleicher Breite, zudem verwendet B eine andere Farbzusammenstellung bei den Streifen.
K fordert von B, die Verwendung derartiger Streifen bei der Herstellung von Trainingsanzügen zu unterlassen.

Besprechung

Die §§ 15, 24, 31 WZG, die uns zur Lösung der beiden voraufgehenden Fälle verholfen hatten, müssen diesmal versagen. Der § 24 WZG setzt voraus, daß jemand den Namen, die Firma oder das Warenzeichen eines anderen widerrechtlich benutzt; hier geht es aber um das Anbringen von drei verschiedenfarbigen Stoffstreifen auf einem Kleidungsstück und damit weder um den Namen noch um die Firma noch um ein Warenzeichen. Es geht insbesondere nicht um ein Warenzeichen, denn drei verschiedenfarbige Streifen haben nicht die Qualität, Warenzeichen zu werden.
Seltsamerweise erfüllen solche Attribute einer Ware vielfach dieselbe Funktion wie ein Warenzeichen. Das Warenzeichen soll ja auf den Hersteller hinweisen. Das läßt sich oft ebenso gut erreichen, wenn man der Ware eine bestimmte immer wiederkehrende Form gibt oder wenn man sie immer wieder in einem gleichbleibenden Behältnis oder einer gleichbleibenden Verpackung anbietet, so daß der Kunde schon beim Anblick der Ware weiß, von welchem Hersteller sie kommt. So gibt es bei den Autoherstellern bestimmte immer wiederholte Kühlerformen, die manchmal beibehalten werden, selbst wenn das technisch lästig ist, denken Sie beispielsweise an Mercedes, BMW oder Rolls-Royce. Bei Parfum oder Kölnisch Wasser erkennt die Dame vielfach an der Flaschenform, aus welchem Hause der Duft kommt, wohingegen der Herr an der grünen Vierkantflasche wahrnimmt, daß ihm ein Doornkaat serviert wird. Signalfarben zeigen der Kundin an, wann es sich um ein Maggi- und wann um ein Knorr-Erzeugnis handelt und der passionierte Aral-Kunde wird ohne gewichtigen Grund keine Tankstelle anfahren, die nicht die blau-weißen Farben zeigt.
Das Gesetz kann diese Signalwirkung der Aufmachung einer Ware nicht ignorieren, es muß einen mit viel Aufwand erworbenen Besitzstand dieser Art ebenso schützen wie ein Warenzeichen, doch nur unter Beachtung der Unterschiede, die zwischen einem Warenzeichen und der **Ausstattung einer Ware** bestehen.
Diese Unterschiede bestehen einmal in der Gestaltung. Ein Warenzeichen ist entweder Wortzeichen oder Bildzeichen oder kombiniertes Zeichen. In dieser Gestaltung kann es in die Zeichenrolle eingetragen werden. Die Ausstattung entzieht sich vielfach einer solchen Registrierung. Eine Farbkombination erfüllt ihre Funktion, auf den Hersteller hinzuweisen, möglicherweise nur bei bestimmten

Waren und in Verbindung mit anderen Gestaltungselementen, bei einer Flaschenform macht es einen großen Unterschied aus, ob die Flasche für Parfum oder Schnaps gedacht ist. So muß das Gesetz bei der Ausstattung darauf verzichten, den Schutz von einer Registrierung abhängig zu machen.
Das ist für den Hersteller nicht nur ein Vorteil, es ist zugleich ein Nachteil. Das Warenzeichen ist nämlich schon geschützt, wenn der Hersteller die Eintragung in die Zeichenrolle erreicht hat. Ein Schutzrecht an einer Ausstattung kann man so leicht nicht erlangen. Hier muß der Schutz an einen Besitzstand anknüpfen und einen Besitzstand muß man erst – vielfach mühselig und kostspielig – erlangen. Die Ausstattung einer Ware weist nicht vom ersten Tage an auf den Hersteller hin, sondern erst wenn die Ware selbst eingeführt ist und wenn sie dem Kunden, der sie kennt, immer wieder begegnet. Ausstattungsschutz setzt also **Verkehrsgeltung** voraus.
Lesen Sie jetzt § 25 WZG, bevor wir uns mit der Lösung unseres Falles befassen.
Wenn Sie nun die Voraussetzungen für einen Anspruch aus § 25 WZG der Reihe nach durchprüfen, dann werden Sie feststellen, daß einige Tatbestandsmerkmale gegeben sind. Bei der Frage, ob denn drei oder vier bunte Streifen an den Ärmeln und Hosennähten eines Trainingsanzugs geeignet sind, auf den Hersteller hinzuweisen, werden Ihnen vielleicht Bedenken kommen. Trainingsanzüge sehen doch leicht allzu einförmig aus, wenn man sie nur aus einfarbigem Material herstellt. Es bietet sich an, sie mit Streifen zu versehen. Solche Streifen kann man wiederum am besten an den Ärmeln und Hosennähten unterbringen. Da man sie dort aber an vielen Trainingsanzügen findet, ist zu fragen, welche Kennzeichnungskraft sie dort haben können. Für die rechtliche Betrachtung rückt damit eine Zentralfrage des Ausstattungsrechts in das Blickfeld: Wenn man jede besondere Gestaltungsform einer Ware als schutzfähig nach § 25 WZG ansieht, dann wirkt sich dieses Schutzrecht leicht als eine Sperre gegen den Vertrieb gleicher oder gleichartiger Waren durch andere aus. Das hat der Gesetzgeber aber mit der Vorschrift des § 25 WZG nicht erreichen wollen.
Wenn also derartige Streifenmuster in erheblicher Vielfalt bei Trainingsanzügen verwendet werden und in vielen Streifenbreiten und Farben erscheinen, dann muß man sie als ein modisches Merkmal ansehen, an dem nicht ein einzelner Hersteller Rechte beanspruchen kann. An einer solchen Gestaltung einer Ware können deshalb Schutzrechte aus § 25 WZG nicht entstehen.

Auch diesen Fall hat der Bundesgerichtshof entschieden. Sie können die Entscheidungen in der Zeitschrift „Gewerblicher Rechtsschutz und Urheberrecht" 1972 Seite 546ff. nachlesen.

Teil 2: Der Rechtsschutz vor unlauterem Wettbewerb

Fall 9: Die Generalklausel des § 1 UWG. Das Gesetz gegen den unlauteren Wettbewerb, seine Ziele und Adressaten. Die übermäßig lästige Werbung.

Im Jahre 1967 hatte ich mich mit einem Rechtsstreit zu befassen, der schließlich unser höchstes deutsches Gericht in Zivilsachen, den Bundesgerichtshof, zu einer grundlegenden Entscheidung veranlaßt hat. Die Entscheidung hat noch nichts von ihrer Aktualität eingebüßt, deshalb gebe ich den Sachverhalt hier wieder:
Klägerin war damals die Verlegerin einer Tageszeitung in Dortmund. Weil sie Klägerin war, wollen wir sie mit K bezeichnen. Beklagte – B – war die Verlegerin einer anderen Tageszeitung in Dortmund. B hatte eine amerikanische Firma vertraglich verpflichtet, für die von ihr vertriebene Zeitung telefonisch Abonnenten zu werben. Das geschah in der Weise, daß Mitarbeiter der amerikanischen Firma bei Privatleuten in der Zeit etwa zwischen 16 und 19 Uhr anriefen, sich mit ihrem Namen vorstellten und fragten, ob der Angerufene bereits Leser oder Bezieher der von B vertriebenen Tageszeitung sei. Wurde diese Frage bejaht, so wurde kurz nach der Meinung des Angerufenen über die Zeitung gefragt, wurde die Frage verneint, so wurde dem Angerufenen ein kostenloses Probeabonnement angeboten. Gab der Angerufene zu erkennen, daß er mit dem Anruf nicht einverstanden war, so wurde das Gespräch sofort höflich abgebrochen. K klagte gegen B auf Unterlassung der Telefonwerbung.

Besprechung

Wer in einem solchen Konfliktsfalle den Richter anruft, der erwartet eine Entscheidung, die sich am geltenden Recht orientiert. Der Richter ist ja an Gesetz und Recht gebunden. Deshalb muß er die geltenden Gesetze anwenden, die das Recht für alle aufgezeichnet haben. Also muß auch in einem solchen Konfliktsfalle, wie ich ihn dargestellt habe, nach einer gesetzlichen Vorschrift gesucht werden, die K dazu berechtigt, von B die Unterlassung der Telefonwerbung zu verlangen.
Telefonwerbung – für jemanden, der ein Lexikon des Wettbewerbsrechts herzustellen hätte, wäre das ein einprägsames Stichwort. Wenn Sie aber im Stichwortverzeichnis Ihrer Gesetzesausgaben nach einem solchen Stichwort blättern, dann wird Ihre Suche ergebnislos bleiben. Es gibt kein Gesetz, das sich speziell mit der Telefonwerbung befaßt und sie regelt oder ganz verbietet. Dabei gibt es doch nicht nur die rechtliche Seite, von der man dieses Problem sehen kann und deshalb kann es auch manchem unbehaglich erscheinen, wenn nur der Richter und damit ausschließlich der Jurist berufen sein soll, in einem solchen Konflikt das letzte Wort zu sprechen.
Wenn man sich als Kaufmann mit dieser Art der Werbung befaßt, dann wird man vielleicht überhaupt kein Verständnis dafür aufbringen können, wie jemand an der Zulässigkeit dieser Werbung zweifeln kann. Denn für den Kaufmann ist das eine billige Werbung. Er muß den anrufenden Angestellten und die Telefongebühr bezahlen und bekommt dafür persönlichen Kontakt zu den potentiellen Kunden. Ähnlich wirksam kann eigentlich nur der Handelsvertreter an der Tür werben,

aber er kann in derselben Zeit bei weitem nicht so viele Kunden erreichen und seine Erfolge kosten Provision und deshalb ist die Werbung über den Handelsvertreter vielfach erheblich teurer als die Telefonwerbung. Als ich vor der Entscheidung in der ersten Instanz eine Gruppe Studenten der Betriebswirtschaft befragte, wie sie den Fall beurteilen würden, gab es Erstaunen darüber, wie man an der Zulässigkeit dieser Art der Werbung zweifeln könne. Diese erste Reaktion auf den aufgezeigten Konflikt wird man für verständlich halten müssen, denn was kann dem Kaufmann lieber sein als eine wirkungsvolle und verhältnismäßig billige Werbung für die Ware, die er verkaufen möchte.

Die Sache sieht freilich ein wenig anders aus, wenn Sie sich in die Situation des Anschlußinhabers versetzen, der kein Gewerbe betreibt. Betreibt er ein Gewerbe, wird er mit Werbeanrufen nicht rechnen müssen, die ihn nicht interessieren. Betreibt er kein Gewerbe, dann unterhält er seinen Telefonanschluß wohl kaum, um sich Werbeanrufe anzuhören. Denn wenn es dem einen Gewerbetreibenden gestattet ist, auf diese Art zu werben, dann kann das dem anderen Gewerbetreibenden nicht verwehrt sein und irgendwie ist jeder Anschlußinhaber als Konsument interessant, so daß man ihn mit Werbung ansprechen möchte. Wer aber gerade darauf wartet, von der Klinik zu erfahren, ob er Vater geworden ist, der wird nicht eben erfreut sein, wenn er ans Telefon stürzt und erfährt, im nächsten Einkaufszentrum gebe es saure Gurken und Putenkeulen zum Sonderpreis.

Es kann nicht darauf ankommen, aus wessen Sicht man einen solchen Fall sieht, ob aus der des Konsumenten oder aus der des Werbeleiters. In einem solchen Konfliktsfalle müßte sich die Lösung eigentlich aus einer vom Gesetzgeber vorgenommenen Wertung ergeben und weil eine solche Wertung sich auf sehr viele Einzelfälle beziehen muß, wenn sie brauchbar und anpassungsfähig sein soll, muß es sich wohl um eine sehr allgemein gefaßte und auslegungsfähige Gesetzesvorschrift handeln.

So ließe sich etwa folgende Formel finden: Wer Geschäfte macht und damit am Wettbewerb mit anderen teilnimmt, der sollte sich an die Anstandsregeln halten, die alle anderen im Wettbewerb anerkennen.

Nun lesen Sie diese Formel noch einmal und sparen Sie bitte nicht mit Kritik. Im Nebensatz kann man sie ja noch ganz brauchbar finden, im Hauptsatz kann man ihr aber nicht kritiklos begegnen, denn was sind das denn für Anstandsregeln, an die man sich halten soll, und wer sagt, ob etwas unter eine solche Anstandsregel fällt oder nicht.

Wäre das nicht ein schlechtes Gesetz, das sich auf eine so allgemein gehaltene Klausel zurückzieht und sich dehnen läßt wie ein Gummiring. Oder habe ich da etwa einen ganz brauchbaren Vergleich gefunden? Lassen Sie uns zu unserem Fall zurückkehren. Man könnte sich allerdings vorstellen, daß es ein Gesetz gäbe, in dem zu lesen stünde, daß Telefonwerbung verboten ist. Nun stellen Sie sich bitte vor, der Antiquitätenhändler A weiß von seinem Kunden K, daß der auf der Suche nach einem Spinett aus Mozarts Zeiten ist und nun wird ihm plötzlich eins angeboten. Wenn er dann K anruft, wäre das doch Telefonwerbung. Und wenn die verboten wäre, dann würde A doch etwas Verbotenes tun. Dann wäre ein solches Verbot doch eher wie ein Stahlband, das den geschäftlichen Verkehr nur behindert, aber nicht wie ein Gummiband, das sich anpassen läßt.

Aber ich darf nun wohl solchen Überlegungen nicht länger nachhängen. In unserer Rechtsordnung gibt es das Gesetz gegen den unlauteren Wettbewerb (UWG) und es ist dem Gesetzgeber nichts Besseres eingefallen, als diesem

Gesetz die Generalklausel des § 1 voranzustellen, die Sie nun zunächst einmal durchlesen sollten.
Und wenn Sie sich danach nicht erstaunt gefragt haben sollten, was denn die **„guten Sitten"** da sollen, dann sollte mich das wundern. Wenn ich heute ein solches Gesetz zu machen hätte, dann würde ich diese Formel nicht gebrauchen; – aber ist denn meine Formel wirklich besser? Oder sagt sie nicht dasselbe mit anderen Worten?
Lassen Sie mich die Dinge einmal vergröbern. Boxen ist ein rauher Sport. Manche meinen, man sollte ihn darum verbieten. Umso wichtiger sind gewisse Regeln, die man im Kampf nicht verletzen darf, ohne disqualifiziert zu werden. So gibt es im Boxsport wie auch in vielen anderen Sportarten das Gebot der Fairness. Diesen Begriff könnten Sie anstelle der Formel von den guten Sitten in § 1 UWG einsetzen und der Sinn der Vorschrift würde sich nicht wesentlich verändern. Wenn in § 1 UWG von den guten Sitten die Rede ist, dann ist damit nicht auf Moral oder Ethik Bezug genommen, sondern es ist damit gesagt, daß im Wettbewerb Fairness herrschen soll, daß der Wettbewerber sich an gewisse Anstandsregeln halten soll, die alle anderen beteiligten Wettbewerber auch anerkennen, daß er sich nicht unlauter verhalten darf, daß es im Wettbewerb kein „Catch as catch can" geben soll.
Anspruchsgrundlage für unseren Fall ist also § 1 UWG. Danach kann K von B die Unterlassung der Telefonwerbung verlangen, wenn die Voraussetzungen der Vorschrift vorliegen.
Der Unterlassungsanspruch setzt voraus, daß B im **geschäftlichen Verkehr** handelt. Eine Rechtsordnung, die Regeln für den lauteren Wettbewerb aufstellt, muß in ihrem Geltungsbereich eingeschränkt werden. Sie darf nicht im **privaten Bereich** des Wettbewerbers und auch nicht für Personen gelten, die am Wettbewerb nicht beteiligt sind. Sie darf auch nicht im **Bereich hoheitlichen Handelns** des Staates gelten. Die Hausfrau, die ihrer Freundin telefonisch mitteilt, sie habe soeben bei dem Textilhändler T sehr günstig ein Kleid gekauft, handelt ebenso wenig im geschäftlichen Verkehr wie der Textilhändler T, der seinen Freund telefonisch auf eine gute Einkaufsquelle für Zigarren hinweist. Die Baubehörde, die einem Kaufmann eine Baugenehmigung verweigert, weil das geplante Bauvorhaben nicht in einem Gemeindegebiet liegt, das nach Ortsrecht als Gewerbegebiet ausgewiesen ist, handelt in Erfüllung hoheitlicher Aufgaben und damit nicht im geschäftlichen Verkehr, auch wenn sie den Kaufmann mit der Verweigerung der Baugenehmigung im Wettbewerb empfindlich behindert.
So gibt es weite Bereiche, die von der Rechtsordnung für den Wettbewerb nicht berührt werden. Gleichwohl ist vieles geschäftlicher Verkehr im Sinne des § 1 UWG, das auf den ersten Blick nicht so aussieht. Der Kaufmann, der am Stammtisch die Ware seines Konkurrenten schlecht macht, handelt zwar in einer seinem Privatleben zugeordneten Umgebung, gleichwohl aber bei dieser Äußerung als Wettbewerber und damit auch im geschäftlichen Verkehr. Und die Stadtsparkasse, die es sich einfallen ließe, Telefonwerbung zu betreiben, könnte sich keineswegs darauf berufen, daß sie ein gemeindliches Unternehmen sei, sie müßte sich so behandeln lassen wie jede andere Bank auch, ihre Werbung ist dem geschäftlichen Verkehr zuzurechnen, sie hat mit der Erfüllung hoheitlicher Aufgaben nichts zu tun.
Der § 1 UWG setzt weiter voraus, daß die Handlung **zu Zwecken des Wettbewerbs** vorgenommen wird. Damit nimmt das Gesetz eine weitere wichtige Eingrenzung der Rechtsordnung zum Schutze des lauteren Wettbewerbs vor. Nur eine

Handlung, die geeignet ist, den Absatz eines Wettbewerbers zu fördern, wodurch notwendig der Absatz der Mitwettbewerber beeinträchtigt wird, kann wettbewerbsrechtlich Bedeutung erlangen. Wettbewerb besteht – um es auf eine einprägsame kurze Formel zu bringen – da, wo sich zwei oder mehrere Anbieter um denselben Kunden bemühen.

So einfach diese Formel erscheint, sie wirft eine Reihe Fragen auf. Vielfach wird jemand, der einen Strauß Blumen kauft, nicht daran denken, deshalb den Kauf einer Schachtel Pralinen zu unterlassen, und es besteht zwischen dem Gärtner und dem Süßwarenhändler deshalb kein **Wettbewerbsverhältnis.** Das ändert sich aber dann, wenn der Kunde ein Mitbringsel für einen Besuch kaufen will. Dann wird er sich entweder für Blumen oder für Pralinen entscheiden und nun werden Gärtner und Süßwarenhändler eben doch zu Wettbewerbern. Und wenn der Süßwarenhändler in seiner Werbung für Pralinen als Mitbringsel wirbt und wenn umgekehrt der Gärtner für Blumen zu diesem Zwecke wirbt, dann sind das Handlungen, die zu Zwecken des Wettbewerbs zwischen diesen beiden Anbietern vorgenommen werden.

Oder denken Sie an den Wettbewerb in den verschiedenen Handelsstufen. Wer Waschmaschinen herstellt, der steht im Wettbewerb mit anderen Waschmaschinenherstellern. Mit dem Einzelhändler, der Waschmaschinen anbietet, steht er im allgemeinen nicht im Wettbewerb, weil beide Waschmaschinen verkaufen wollen und sich der Einzelhändler nicht dagegen wehren wird, dem Kunden die Waschmaschine zu verkaufen, die der Kunde verlangt. Oft ist es dem Einzelhändler gleichgültig, welche Waschmaschine das ist, er wird dem Kunden die Vorzüge der einen und die der anderen Marke erläutern und wenn seine Kalkulation nicht im Wege steht, dann wird es ihm gleichgültig sein, für welche Maschine der Kunde sich entscheidet. Wenn das so ist, dann bleibt der Einzelhändler im Wettbewerb der Hersteller neutral und dann besteht kein Wettbewerbsverhältnis zwischen ihm und den Herstellern. Das ändert sich aber, wenn der Einzelhändler dem Kunden vom Kauf der einen Maschine abrät und ihn zum Kauf der anderen Maschine zu bewegen versucht, wie das häufig der Fall sein wird. Nun ergreift er im Wettbewerbskampf der Hersteller Partei und das tut er in den seltensten Fällen ohne eigenes Interesse. Es besteht dann zwischen ihm und dem Hersteller ebenfalls ein **Wettbewerbsverhältnis,** kein direktes zwar, weil er nicht selbst Waschmaschinen herstellt, aber ein **indirektes.** Für die Anwendung von § 1 UWG reicht das aus.

Wir hatten vorhin festgestellt, daß B im geschäftlichen Verkehr handelte, als er die Telefonwerbung veranlaßte. Nun können wir hinzufügen, daß B mit K in einem Wettbewerbsverhältnis steht und auch zu Zwecken des Wettbewerbs handelte. Aber wir dürfen eine Frage nicht übersehen, die in diesem Zusammenhange auftaucht. Die Anrufer waren jeweils Mitarbeiter einer amerikanischen Firma, die wir F nennen wollen. Es hat sich dabei nicht um Mitarbeiter von B gehandelt und gleichwohl verlangt K Unterlassung der Telefonwerbung von B und nicht von F und auch nicht von den Mitarbeitern, die die Werbeanrufe vorgenommen haben. Kann K denn wirklich B auf Unterlassung in Anspruch nehmen oder muß er nicht seinen Anspruch gegen F oder die Mitarbeiter geltend machen. Kann B sich darauf berufen, er habe F den Auftrag gegeben, für seinen Verlag zu werben, und wie F das mache, das sei nicht seine Sache.

Sie haben sich schon früher mit der Frage befassen müssen, wann jemand für die Handlung eines Dritten einzustehen hat. In Band II dieser Lehrbuchreihe hat Ihnen Fall 32 erläutert, daß ein Vertragspartner für schuldhafte Vertragsverletzungen seines **Erfüllungsgehilfen** einzustehen hat. In Band III der Reihe ist Ihnen im Fall 40 erklärt worden, daß im Bereich der außervertraglichen Haftung ein Geschäftsherr unter Umständen für schuldhafte Handlungen seines **Verrichtungsgehilfen** verantwortlich ist. Lesen Sie bitte beide Fälle nach.

Da in unserem Falle zwischen K und B vertragliche Beziehungen nicht bestehen, hätte B gute Chancen, sich darauf zu berufen, er sei für das Verhalten von F und dessen Mitarbeitern nicht verantwortlich. In Band III, Fall 40 haben Sie gerade nachgelesen, zwischen dem Geschäftsherrn und dem Verrichtungsgehilfen müsse ein Abhängigkeitsverhältnis bestehen, der Verrichtungsgehilfe müsse weisungsgebunden sein. Hier ist F aber eine ganz selbständige Firma, die von B nicht abhängig ist und auch nicht kraft dieser Abhängigkeit an Weisungen des B gebunden ist. Damit ist F nicht Verrichtungsgehilfe von B. Überdies gewährt § 831 BGB dem Geschäftsherrn die Möglichkeit, sich von der Haftung zu entlasten, wenn er bei der Auswahl des Verrichtungsgehilfen sorgfältig vorgegangen ist. Wir können annehmen, daß F eine renommierte Werbefirma darstellt, bei der B erwarten konnte, sie werde die Vorschriften des Wettbewerbsrechts beachten. Wenn schon ein Kaufmann eine Werbefirma beauftragt, dann wird er sich um die wettbewerbsrechtliche Zulässigkeit der von dieser Firma betriebenen Werbung keine großen Gedanken machen wollen und schon gar nicht, wenn es sich um eine Methode handelt, die im Ausland unbeanstandet geübt wird und über die es im Inland Gerichtsentscheidungen noch nicht gibt.

B könnte sich also gute Chancen ausrechnen, wenn er geltend macht, mit dem Verhalten des F habe er nichts zu tun. Mit der Frage, ob F seinerseits K darauf verweisen darf, er möge sich an seine Mitarbeiter halten, wollen wir uns nicht lange befassen, denn für seine Mitarbeiter hätte F schon nach § 831 BGB einzustehen, weil sie seine Arbeitnehmer sind und er ihnen gerade das beanstandete Verhalten abverlangt hat.

Wenn man die besonderen Gegebenheiten des Wettbewerbs im Auge hat, dann muß man aber auch Fragezeichen hinter eine Lösung setzen, die es B erlaubt, sich hinter F zu verstecken. Läßt es sich wirklich vertreten, einem Kaufmann zu gestatten, Werbung für sein Unternehmen durch einen selbständigen Dritten betreiben zu lassen ohne eigenverantwortlich dafür einstehen zu müssen? Das ist schon bei der Einschaltung eines Werbeunternehmens nicht recht einsichtig, es wird vollends unverständlich, wenn die Werbung durch einen **Handelsvertreter** erfolgt.

Handelsvertreter sind selbständige Gewerbetreibende. Sie betreiben gemäß § 1 Abs. 2 Ziff. 7 HGB ein Grundhandelsgewerbe. Ihre Selbständigkeit betont § 84 HGB. Danach ist nur der Handelsvertreter, der selbständiger Gewerbetreibender ist. Mit dieser Betonung der Selbständigkeit würde es sich nicht vertragen, wollte man den Handelsvertreter als Verrichtungsgehilfen des Unternehmers ansehen. Es fehlt am Abhängigkeitsverhältnis und an der Weisungsgebundenheit. Wer aber meint, von einem Handelsvertreter ebenso große Aufmerksamkeit in der Beachtung der Regeln des lauteren Wettbewerbs erwarten zu können, der verschließt die Augen davor, daß daran nicht einmal manchem Unternehmer viel liegt, der ganz gerne geneigt ist, Handelsvertreter vorzuschicken, wo er selbst nicht in Erscheinung treten möchte. Dabei winken viele Vorteile. Der Konkurrent, dem auf diese Weise Nachteile zugefügt werden, wird vielfach leicht herausfinden, welches Konkurrenzerzeugnis der Kunde gekauft hat. Wenn er aber den Handelsvertreter ermitteln soll, der diesen Kauf vermittelt hat, dann wird er sich oft unüberwindlichen Schwierigkeiten gegenübersehen.

So scheint es mir vernünftig zu sein, im Wettbewerbsrecht den Kreis derjenigen Personen zu erweitern, für deren Handlungen man einzustehen hat. Lesen Sie jetzt bitte § 13 Abs. 3 UWG. Die Vorschrift erfaßt Handlungen eines Angestellten und eines **Beauftragten.** Beauftragter kann auch sein, wer nicht in einem sozialen Abhängigkeitsverhältnis steht und nicht weisungsgebunden ist, also auch der Handelsvertreter und die Werbeagentur.
Es bleibt die Frage zu beantworten, ob nach der gesetzlichen Wertung die Telefonwerbung gegen die guten Sitten verstößt. Es handelt sich um eine Form der Werbung, die für den Angerufenen leicht **übermäßig lästig** wird und bei der der Werbende eine Kommunikationsmöglichkeit ausnutzt, die der Angerufene sich nicht für diesen Zweck geschaffen hat und die durch solchen Mißbrauch weitgehend entwertet werden kann. Nun hat der Gesetzgeber im UWG eine Rechtsordnung für die am Wettbewerb Beteiligten schaffen wollen. Wenn wir bei unserem Bild aus dem Sport bleiben wollen, dann bedeutet das, daß Spielregeln für die beteiligten Sportler aufgestellt worden sind, das Verhältnis der Sportler zu den Zuschauern aber nicht von diesen Spielregeln betroffen ist. Muß man also nicht von der Intention der gesetzlichen Regelung her zu dem Schluß kommen, daß es den einen Wettbewerber nicht kümmern soll, wenn ein anderer Wettbewerber die Konsumenten übermäßig belästigt.
Sie haben sicherlich längst erkannt, daß das eine merkwürdige Rechtsordnung wäre, die das Verhalten der Wettbewerber dem Verbraucher gegenüber nicht mit einbezöge. Niemand veranstaltet einen Boxkampf oder ein Fußballspiel, wenn er nicht hofft, daß viele Zuschauer die Kassen füllen. Dabei kann man sich Sport ohne Zuschauer noch vorstellen. Wettbewerb ohne Verbraucher kann es aber gar nicht geben. Also muß in Anwendung der gesetzlichen Wertung wohl auch ein Verhalten als wettbewerbswidrig eingeordnet werden, das für die Verbraucher übermäßig lästig zu werden droht und das deshalb im Wettbewerb den Verbrauchern nicht zugemutet werden kann.
Dementsprechend hat der Bundesgerichtshof ebenso wie beide Vorinstanzen entschieden, es verstoße gegen die guten Sitten des lauteren Wettbewerbs, unaufgefordert Inhaber von Fernsprechanschlüssen, zu denen bislang keine Beziehungen bestehen, in ihrem privaten Bereich anzurufen, um Geschäftsabschlüsse anzubahnen oder vorzubereiten, insbesondere um Waren oder sonstige Leistungen anzubieten. Sie können die Entscheidung des BGH in Bd. 54 der amtlichen Sammlung auf S. 188ff. nachlesen.
Inzwischen ist diese Rechtsprechung noch weiterentwickelt und auf einen vergleichbaren aber leicht abweichenden Sachverhalt ausgedehnt worden. Man hatte die Eignung des Fernschreibers für die Werbung entdeckt und für die Telex-Werbung benutzt, indem man Fernschreib-Teilnehmern unverlangt auf diese Weise Werbung ins Haus geschickt hatte. Der Bundesgerichtshof hat entschieden, auch diese Werbung verstoße gegen die guten Sitten im Wettbewerb, weil sie eine unzumutbare Belästigung des Anschlußinhabers und einen Mißbrauch dieses Kommunikationsmittel darstelle.
Bei Licht besehen sind Fernsprech- und Telexwerbung Fortentwicklungen von Primitivformen, die der Kaufmann schon immer mißbilligt hat – wenigstens in unseren Breiten. Ich meine das direkte Ansprechen des Kunden etwa in der Form des Ansprechens von Straßenpassanten, wie es von einem Lesering beispielsweise sogar noch nach dem zweiten Weltkrieg praktiziert worden ist. Auch hierbei handelt es sich letztlich um eine für den angesprochenen Kunden besonders lästige Werbung, man bezeichnet solches Vorgehen als **„An-**

reißen" und solche Werbung als **reißerisch.** Es gibt eben Grenzen, vor denen Werbungen haltmachen müssen, weil sie sonst allzuweit in Bereiche eindringen würden, in denen sie nichts zu suchen haben. So bringt der Tod eines Menschen für seine Angehörigen zwar die Notwendigkeit mit sich, Anschaffungen zu machen und Dienstleistungen in Anspruch zu nehmen, Werbung dafür muß aber auf den Gemütszustand des Kunden Rücksicht nehmen und darf ihn nicht verletzen. Deshalb sind Vertreterbesuche zur Erlangung von Aufträgen für **Grabsteine** vom Bundesgerichtshof als wettbewerbswidrig bezeichnet worden, weil der Schutz der **Privatsphäre** der Hinterbliebenen Vorrang vor wirtschaftlichem Gewinnstreben haben müsse. Es war notwendig, daß sich hierzu auch noch das Bundesverfassungsgericht äußerte, denn man sah in diesem Urteil des Bundesgerichtshofs einen Eingriff in die von der Verfassung garantierte Freiheit der Berufsausübung. Das Bundesverfassungsgericht hat dieser Auffassung nicht zugestimmt.

Fall 10: Reißerische Werbung, Werbegeschenke, psychologischer Kaufzwang

B führte in Filmtheatern Werbeveranstaltungen durch, in denen er für das Waschgerät „Die blaue Kugel" warb und dieses zum Preise von DM 200,– verkaufte („Wachkugeln" dieser Art sind heutzutage nicht mehr im Handel und kaum noch im Gebrauch). Zum Besuch seiner Werbeveranstaltung forderte er durch Werbekarten auf, in denen er jedem Besucher kostenlos ein halbes Pfund Bohnenkaffee oder ein halbes Pfund hochfeiner Markenpralinen versprach. Jedes dieser Werbegeschenke repräsentierte einen Wert von gut DM 3,–. Die Geschenke wurden am Schluß der Veranstaltung an alle Teilnehmer verteilt, auch wenn sie nichts gekauft hatten.
K, der den Einzelhandel mit Waschmaschinen betreibt, hält die Durchführung solcher Werbeveranstaltungen und die Werbung für sie für wettbewerbswidrig.

Besprechung

Anspruchsgrundlage ist auch in diesem Falle § 1 UWG. Den Tatbestandsmerkmalen „Handeln im geschäftlichen Verkehr" und „Handeln zu Wettbewerbszwecken" brauchen wir keine große Aufmerksamkeit zu widmen; sie sind gegeben. Als Wettbewerber ist K nach § 13 Abs. 1 UWG anspruchsberechtigt. Schwergewichtig und entscheidend ist auch in diesem Fall, ob B den guten Sitten im Wettbewerb zuwiderhandelt.
Bei den Überlegungen zu dieser Frage verdient zunächst der Umstand Beachtung, daß B die Teilnehmer an seiner Werbeveranstaltung mit dem Versprechen anlockt, sie erhielten ein **Werbegeschenk.** Sollte das den guten Sitten im Wettbewerb widersprechen?

Geschenke sind in unserer Gesellschaft etwas Selbstverständliches. Im persönlichen Bereich steht das ganz außer Frage, meist fällt uns nichts anderes ein, Zuneigung auszudrücken, vielfach würde das Ausbleiben eines Geschenkes als ein Zeichen fehlender aber notwendiger Zuneigung gedeutet werden, das sind die Fälle, in denen das Gesetz von einer „sittlichen Pflicht" oder einer „auf den Anstand zu nehmenden Rücksicht" spricht, wie z.B. in § 814 BGB. Kluge Juristen bezeichnen die Schenkung als einen unvollständigen gegenseitigen Vertrag. Sie wissen, daß für den gegenseitigen Vertrag die Abhängigkeit von Leistung und Gegenleistung kennzeichnend ist. Im Fall 13 des 2. Bandes dieser Reihe können Sie das nachlesen. Bei der Schenkung leistet vordergründig nur ein Vertragspartner, nämlich der Schenker. Aber letztlich hofft er doch auf eine Gegenleistung des Beschenkten, nämlich auf dessen Dankbarkeit, mag das auch nur eine unvollkommene Gegenleistung sein. Vielfach erwartet der Beschenkte auch mit Recht ein Geschenk; dann nämlich, wenn er das schon vorgeleistet hat, was sonst jemanden zu einem Geschenk veranlaßt.

Im Wettbewerb ist das nicht anders. Die Hausfrau, die ein ganzes Jahr über bei dem Metzger M eingekauft hat, wird den Kalender, den sie dort zum Jahreswechsel bekommt, als eine Aufmerksamkeit ansehen, die sie zu nichts verpflichtet. Sie hat ja schon vorgeleistet. Ähnlich wird es dem Installateur mit dem Weihnachtsgeschenk der Lieferanten, dem Arzt mit dem Weihnachtsgeschenk der Arzneimittelhersteller gehen. Und auch da, wo jemand als Gegenleistung für sein Geschenk nicht mehr als Aufmerksamkeit des Verbrauchers erwartet, ist es nicht anders. Warum sollte man etwas dagegen haben, daß ein Schuhgeschäft Luftballons an Kinder verteilt oder ein Warenhaus Prospekte verteilt, an denen ein kleiner Schokoladenkäfer hängt.

Nur weiß der Beschenkte meist nicht, was den Schenker das Geschenk kostet. Und weil er seine Gegenleistung – seine Dankbarkeit – ganz gerne danach bemessen möchte, wie groß der Wert des ihm Zugewandten ist, und weil echte Zuneigung etwas Seltenes ist und deshalb mit Recht hoch eingeschätzt wird, deshalb hat ein Geschenk, das im Wettbewerb einem Verbraucher gemacht wird, häufig eine Gegenleistung zur Folge, die zum Wert des Zugewandten in keinem Verhältnis mehr steht.

Für Werbeveranstaltungen, wie unser Fall sie beschreibt, bedeutet das: Je mehr Unterhaltung und Heiterkeit die Veranstaltung bietet, desto mehr wird sich der Teilnehmer schon dadurch beschenkt fühlen, daß er kostenlos daran teilnehmen darf. Wenn dann noch ein kostenmäßig für ihn leicht abschätzbares Werbegeschenk hinzukommt, das für ihn einen beachtlichen Wert darzustellen scheint, dann wird er leicht geneigt sein, seine Dankbarkeit zu zeigen.

Das allerdings kann er nur, indem er kauft, was ihm bei der Veranstaltung angeboten wird. Dies Angebot beschränkt sich in unserem Fall auf die „blaue Waschkugel“. Wir können für unseren Fall davon ausgehen, daß viele Teilnehmer sich zum Kauf dieses Geräts nicht entschlossen hätten, wenn sie ihren Kaufentschluß unbeeinflußt von der Werbeveranstaltung hätten fassen müssen, daß sie vielmehr nur das Gefühl vermeintlich geschuldeter Dankbarkeit zu diesem Kaufentschluß veranlaßt hat.

Einen so manipulierten Kaufentschluß kann man ungenau aber schlagwortartig als **psychologischen Kaufzwang** bezeichnen. Ein wenig genauer hat es der Bundesgerichtshof „übertriebenes Anlocken zum Besuch einer Werbeveranstaltung„ genannt.

Wenn Sie sich nun in die Situation eines Einzelhändlers versetzen, der darum bemüht ist, seinen Kunden ein ganzes Sortiment von Waschmaschinen anzubieten, der weiß, daß seine Kunden die Preise mit denen der Konkurrenz vergleichen, der eine solche Waschkugel seinen Kunden auch nicht empfehlen würde, weil ihm das wegen seiner Fachkenntnisse allzu große Skrupel verursachen würde, dann werden Sie verstehen, daß er derartige Werbemethoden mißbilligt. Der Bundesgerichtshof hat ihm damit Recht gegeben, die Entscheidung können Sie in der Zeitschrift „Gewerblicher Rechtsschutz und Urheberrecht“ Jahrgang 1967 S. 254 ff. nachlesen.

Das bedeutet allerdings keineswegs, daß nicht vergleichbare Werbemethoden weiter praktiziert werden. Derzeit sind die sogenannten „Kaffeefahrten" in ihrer wettbewerbsrechtlichen Beurteilung umstritten. Dabei werden Touristik und Werbeveranstaltung in ähnlicher Weise miteinander verbunden, wie im vorigen Falle Unterhaltung und Werbeveranstaltung. In der Werbung für diese Fahrten wird das für viele attraktive Fahrziel herausgestellt, doch muß der Teilnehmer an einer solchen Fahrt zunächst stundenlang Werbung über sich ergehen lassen, bis er schließlich als Tourist auf seine Kosten kommt. Das Angebot erscheint meist preisgünstig, in der Werbung bleibt meist im Unklaren, für welche Ware geworben werden soll. Der Kaufentschluß des Fahrtteilnehmers soll spontan und von Vergleichsmöglichkeiten nicht beeinflußt sein.

Fall 11: Gratisverlosungen, Preisausschreiben und Gewinnspiele im Wettbewerb, Vereine zur Förderung des lauteren Wettbewerbs

B betreibt den Einzelhandel mit Lebensmitteln in rund dreißig Filialen in mehreren süddeutschen Großstädten. Er ließ im Frühjahr 1970 in seinen Filialen eine Werbeaktion in Form einer Gratisverlosung durchführen, und zwar in folgender Weise:
Die Kunden, die in einer Filiale etwas gekauft hatten, erhielten an den Kassendurchgängen von der Kassiererin einen Losbrief, der verschlossen war. Wurde er geöffnet, so wies er einen aufgedruckten Geldbetrag von DM 5,–, DM 10,–, DM 50,–, DM 100,–, DM 500,– oder DM 1000,– auf. Die Losbriefe über DM 5,– enthielten einen sofortigen Gewinn. Die Losbriefe zwischen DM 10,– und DM 1000,– enthielten einen violetten Halbkreis mit einem ebenfalls halbierten Adler. Die Halbierungslinie bildete mit den Kanten des Losbriefs ein weißes Dreieck, auf dem die Worte aufgedruckt waren:
„Mit dieser wertvollen Note sind Sie auf halbem Wege zum Ziel! Jetzt müssen Sie die andere Hälfte suchen." Auf der Rückseite des Losbriefes befanden sich unter der Überschrift „Wie man spielt" folgende Bekanntmachungen:
„Um einen Preis zu gewinnen, müssen Sie die linke und die rechte Hälfte einer der folgenden Noten finden:

DM 10,–	DM 20,–	DM 50,–
DM 100,–	DM 500,–	DM 1000,–

Um DM 5,– zu gewinnen, brauchen Sie nur eine Karte. Diese Karten sind kostenlos. Kein Kaufzwang! Bei jedem Besuch in einer B-Filiale werden Sie eine neue ‚Spiel um's Glück'-Karte erhalten. Sie können auch eine Karte bei unserer Hauptverwaltung in M. S.-Straße anfordern. Wenn ein Kunde am Kassendurchgang einen solchen Losbrief verlangte, ohne etwas gekauft zu haben, so war die Kassiererin gehalten, einen „Spielführer" herbeizuholen, der dann regelmäßig einen Losbrief ohne Beanstandung aushändigte.
Der Verein zur Förderung des lauteren Wettbewerbs in H, wo B die meisten Filialen unterhält, verlangt von B die Unterlassung dieser Werbeaktion.

Besprechung

Anspruchsgrundlage ist auch in diesem Falle § 1 UWG. Sie sollten nicht vergessen, sich zu fragen, ob B im geschäftlichen Verkehr handelt und ob er zu Zwecken des Wettbewerbs tätig wird. Beides ist scheinbar nicht problematisch, aber eben nur scheinbar.

Wer sich die Aufgabe stellt, für „fair play" im Wettbewerb Sorge zu tragen und dafür Regeln aufzustellen, der muß sich mit seinen Rechtssätzen in erster Linie an diejenigen wenden, die am Wettbewerb beteiligt sind. Wenn also der Staat solche Spielregeln in die Form eines Gesetzes bringen will – und das ist in unserer Gesellschaftsordnung und in unserer Wirtschaftsverfassung wohl eine unumgängliche Notwendigkeit – dann müssen Adressaten eines solchen Gesetzes diejenigen sein, die am Wettbewerb teilnehmen. Lassen Sie mich den Vergleich aus dem Sport strapazieren: Die Spielregeln gelten für die Spieler, auch wenn die Zuschauer großes Interesse an ihrer Einhaltung haben. Aber es ist nicht jeder Spieler geneigt, einen Verstoß gegen die Spielregeln zu monieren, selbst wenn er der Gefoulte ist. Viele Gründe lassen sich dafür denken, daß der verletzte Spieler nicht selbst in Erscheinung treten möchte. Die Gesamtheit der Spieler wird trotzdem an einer Ahndung eines solchen Verstoßes ein sehr großes Interesse haben können und es kann gut und richtig sein, das Gruppeninteresse schon bei der Aufstellung der Spielregeln zu berücksichtigen.
Auch der Zuschauer hat ein Interesse an der Einhaltung der Spielregeln. Schließlich wird das ganze Spiel ja nur für ihn veranstaltet, käme er nicht, es sich anzusehen, und blieben auch alle anderen Zuschauer weg, dann würden sich die Akteure auf dem grünen Rasen oder im Ring sehr schnell einig, das Spiel ausfallen zu lassen. Also spricht viel dafür, dem Gruppeninteresse der Zuschauer an der Einhaltung der Spielregeln Rechnung zu tragen.
Das alles läßt sich freilich nur machen, wenn man den Kreis derjenigen erweitert, die berechtigt sind, sich gegen Regelwidrigkeiten zu wehren. Übertragen wir diese Erwägungen auf das Wettbewerbsrecht, dann ergibt sich folgendes:

In erster Linie muß der Wettbewerber – und namentlich der verletzte Wettbewerber – berechtigt sein, sich gegen eine Verletzung der Regeln des lauteren Wettbewerbs zu wehren. In der Terminologie des § 13 Abs. 1 UWG ist das ein Gewerbetreibender, der Waren oder Leistungen gleicher oder verwandter Art herstellt oder in den Verkehr bringt. Sodann muß aber auch ein Zusammenschluß solcher Gewerbetreibender das Recht haben einzugreifen, wo das einzelne Mitglied nicht tätig werden will. Deshalb gibt § 13 Abs. 1 UWG einen Unterlassungsanspruch auch den **Verbänden zur Förderung gewerblicher Interessen,** sofern sie als solche in bürgerlichen Rechtsstreitigkeiten klagen können. Wenn also ein Verband sich in der Satzung neben anderen Aufgaben auch die Förderung des lauteren Wettbewerbs zum Ziele gesetzt hat und wenn er rechtsfähig ist (sonst kann er nicht klagen), dann kann er als Verband gegen Wettbewerbsverstöße einschreiten, wenn seine Mitglieder sich zurückhalten wollen. Darüber hinaus eröffnet die Vorschrift die Möglichkeit des Zusammenschlusses von Gewerbetreibenden nur zu dem Zweck, den unlauteren Wettbewerb zu bekämpfen. Solche Vereine sind manchem Verband gegenüber im Vorteil, weil sie regional tätig sind und deshalb die besonderen örtlichen Verhältnisse besser kennen. Die Gründung solcher Vereine beruht meist auf der Initiative der örtlichen Industrie- und Handelskammer und so gibt es **Vereine zur Förderung des lauteren Wettbewerbs** namentlich an Orten, die Sitz einer Industrie- und Handelskammer sind. Die Zielsetzung dieser Vereine, die nicht mit den Aufgaben eines Wirtschaftsverbandes gekoppelt ist, hat jedoch besonders angesichts der überregionalen Wirksamkeit der Werbung in den Massenmedien auch einen überregionalen Zusammenschluß erfordert. Er besteht unter der Bezeichnung **„Zentrale zur Bekämpfung des unlauteren Wettbewerbs e.V."**

mit dem Sitz in Frankfurt, wo auch der Deutsche Industrie- und Handelstag seinen Sitz hat.
In all diesen Fällen handelt es sich um Zusammenschlüsse, die unmittelbar oder mittelbar von Gewerbetreibenden, also von Teilnehmern am Wettbewerb abhängen. Diese Vereine und Verbände haben ihre Hauptaufgabe aber nicht in der Wahrnehmung des Gruppeninteresses der Verbraucher. Auch der Verbraucher hat aber ein Interesse daran, daß er nicht unlauterem Wettbewerb zu seinem Nachteil ausgesetzt wird. Wir müssen das schon so einschränken, denn daß der Verbraucher uneingeschränkt an lauterem Wettbewerb interessiert sei, wird man nicht sagen können. Von mancher Preisunterbietung, die nicht mehr in den Rahmen lauteren Verhaltens im Wettbewerb paßt, profitiert er ja. Dennoch gibt es eine Vielzahl von unlauteren Verhaltensweisen im Wettbewerb, an deren Unterlassung auch die Verbraucher ein großes Interesse haben. Deshalb sind in § 13 Abs. 1a UWG einige Unterlassungsansprüche auch **Verbraucherverbänden** verliehen. Lesen Sie im Gesetz nach, um welche Fälle es sich dabei handelt!
In unserem Falle haben wir es mit einem Anspruch aus § 1 UWG zu tun und er wird von einem Verein zur Förderung des lauteren Wettbewerbs geltend gemacht. Zwischen B und dem Verein besteht zwar kein Wettbewerbsverhältnis, denn der Verein betreibt ja keinen Einzelhandel und B bemüht sich nicht darum, dem Verein Mitglieder abzuwerben. Gleichwohl handelt B zu Zwecken des Wettbewerbs und kraft der gesetzlichen Vorschrift des § 13 Abs. 1 UWG ist der Verein berechtigt, einen etwaigen Anspruch aus § 1 UWG geltend zu machen.
Ob ein solcher Anspruch besteht, das hängt davon ab, ob B mit seiner Gratisverlosung den guten Sitten im Wettbewerb zuwiderhandelt.
Solche **Gratisverlosungen, Preisausschreiben** und **Gewinnspiele** trifft man im Wettbewerb sehr häufig an. Es hat den Anschein, als seien viele Werbefachleute geradezu begeistert von dieser Art der Werbung. Sie sind es sicherlich nicht ohne Grund. Offenbar wird ihre Begeisterung von hohen Teilnehmerzahlen ausgelöst. Nun wird ein Werbemittel nicht dadurch unlauter, daß es beliebt ist und Erfolg hat, und es wäre deshalb in erster Linie zu fragen, worin denn die Unlauterkeit solcher Werbeveranstaltungen bestehen sollte, wenn die versprochene Verlosung wirklich stattfindet, wenn die versprochenen Preise wirklich verteilt werden und wenn man wirklich gewinnen kann, was die Werbung verspricht, wenn also der Adressat der Werbung nicht an der Nase herumgeführt wird.
Vielfach wird die Lauterkeit oder Unlauterkeit eines Werbemittels deutlich, wenn man den Gedankengängen folgt, die die Werbefachleute dazu veranlassen, gerade dieses Werbemittel zu gebrauchen. Bei Gratisverlosungen, Preisausschreiben und Gewinnspielen geht es wohl um folgende Überlegungen: Das Freilos und die Gewinnchance werden bis zu einem gewissen Grade eine ähnliche Wirkung haben wie ein Werbegeschenk. Immerhin wird etwas unentgeltlich zugewandt, wenn es sich dabei auch nur um eine Gewinnchance handelt. Den Wert solcher Gewinnchancen schätzt das Publikum ohnehin vielfach größer ein, als er wirklich ist, und das gilt in erhöhtem Maße für die bezeichneten Werbeveranstaltungen. Beim Preisausschreiben und beim Gewinnspiel kommt aber noch etwas sehr Wichtiges hinzu. Der Teilnehmer beschäftigt sich viel intensiver mit dem werbenden Unternehmen und dem Produkt, für das geworben wird, als das durch andere Formen der Werbung erreicht werden kann. Er muß etwas ausfüllen, etwas erraten oder etwas erfinden, das lenkt seine Aufmerksamkeit in hohem Maße auf das Werbeziel. Diese Art der Werbung ruft bei dem Adressaten

ein besonders großes Maß an Aufmerksamkeit hervor. Es handelt sich um eine sehr erfolgversprechende **Aufmerksamkeitswerbung.**
Wer aber Werbung überhaupt betreibt, der tut das, um Aufmerksamkeit zu erregen. Wenn er gerade damit Erfolg hat, kann man ihm schlecht Unlauterkeit vorwerfen, das hieße, dem Tüchtigen seine Tüchtigkeit vorwerfen. Aufmerksamkeitswerbung ist nicht unlauter, sie ist es ebensowenig wie Werbung überhaupt. Erst wenn noch andere Umstände hinzutreten, werden Gratisverlosung, Preisausschreiben und Gewinnspiel unlauter.
Unser Fall weist solche besonderen Umstände auf. Versetzen Sie sich bitte in die Situation eines Kunden, dem die passende zweite Loshälfte fehlt. Er muß sich zum Kassendurchgang begeben. Oft wird er sich zu diesem Zweck in eine Schlange Wartender einzuordnen haben. Wenn er nichts kaufen will und deshalb Vortritt zu haben meint, wird er Unwillen der Wartenden erregen. Noch dazu kann ihm nun die Dame an der Kasse seinen Wunsch nicht erfüllen, sie muß erst den sogenannten „Spielführer" rufen. Das alles läßt sich leicht voraussehen und deshalb besteht für denjenigen, der eine passende zweite Loshälfte sucht, ein sehr starker Anreiz, den dadurch erforderlich werdenden Besuch einer Filiale mit einem Einkauf zu verbinden, selbst wenn ein solcher nicht beabsichtigt war. Wir haben es wieder mit psychologischem Kaufzwang zu tun und der ist unlauter, wie wir schon gesehen haben.
Nun können Sie mir noch entgegenhalten, daß ein Interessent eine Loskarte ja auch schriftlich anfordern kann. Aber wie viele Zeitgenossen gibt es wohl, die einen „Verlegenheitskauf" der schriftlichen Anforderung einer Loskarte vorziehen; eine solche schriftliche Anforderung ist für viele keine kleinere Mühe als ein kleiner Einkauf und überdies muß man noch Porto bezahlen.
Das Oberlandesgericht Frankfurt hat deshalb diese Gratisverlosung untersagt. Sie können die Entscheidung in der Zeitschrift „Der Betrieb" 1972 S. 770 nachlesen.
Nicht immer tritt die Unlauterkeit eines Gewinnspiels, eines Preisausschreibens oder einer Gratisverlosung so klar zutage wie in unserem Fall. So hatte sich der Bundesgerichtshof Ende 1972 mit einem Preisausschreiben zu befassen, das sich nicht an den Verbraucher, sondern an den Einzelhändler richtete. Das Preisausschreiben war sehr leicht zu lösen. Es wurden sehr wertvolle Preise versprochen. Die Besonderheit bestand darin, daß der Teilnahmeschein zugleich einen Vordruck für Warenbestellungen enthielt. Der Bundesgerichtshof hat mit folgendem Leitsatz entschieden: Preisausschreiben, deren Lösung jedermann ohne Mühe möglich ist, verstoßen wegen eines übertriebenen Anlockeffekts gegen die Grundsätze des lauteren Wettbewerbs, wenn hochwertige Preise in Aussicht gestellt werden und der Teilnahmeschein zugleich einen Vordruck für Warenbestellungen enthält. Dies gilt auch dann, wenn darauf hingewiesen wird, daß die Teilnahme an dem Preisausschreiben bzw. an der Gratisverlosung nicht von einer Bestellung abhängig ist.
Diese Entscheidung können Sie in der Zeitschrift „Der Betrieb" Jahrgang 1973 S. 520 nachlesen.

Fall 12: Vergleichende Werbung, Warentests, Schadensersatz, Bekanntmachungsbefugnis

Im Jahre 1964 erschien in dem Nachrichtenmagazin „X" unter der Rubrik „Handel" ein Artikel mit der Überschrift „Reste von Resten". Darin wurde über

das Pelzversandgeschäft des P berichtet und wahrheitsgemäß behauptet, die von P vertriebenen Persianermäntel bestünden aus der Sicht des Kürschners aus reinem Abfall, aus Resten von Resten und aus Persianerfetzen. Die Mäntel seien Flickarbeit. In dem Artikel wurden die Mäntel auch in Qualität und Preis u.a. mit denen des namentlich genannten Konkurrenten K verglichen, der am Ort der gewerblichen Niederlassung des P einen Einzelhandel mit Pelzen betrieb. K hatte die Verfasserin des Artikels informiert und den Artikel vor dem Erscheinen gelesen und gebilligt. Der Artikel wäre ohne seine Billigung nicht erschienen.
P verlangt von K die Unterlassung der in dem Artikel enthaltenen geschäftsschädigenden Behauptungen über Qualität und Preise seiner Ware.

Besprechung

Wiederum muß die Lösung des Falles aus § 1 UWG abgeleitet werden.
Dabei ist es bereits fraglich, ob K im geschäftlichen Verkehr handelte, als er der Redakteurin die Informationen gab, die dem Artikel zugrunde lagen. Doch lassen sich diese Bedenken leicht beseitigen, denn weder war die Redakteurin daran interessiert, von einem Privatmann Informationen über Gegenstände außerhalb des Bereichs seiner beruflichen Tätigkeit zu erhalten, noch hätte K solche Informationen überhaupt geben können, wenn er sich nicht in seiner beruflichen geschäftlichen Tätigkeit intensiv mit dem Konkurrenzprodukt befaßt hätte.
Auch die Frage, ob K zu Zwecken des Wettbewerbs gehandelt hat, als er der Redakteurin die Informationen gab, ist nicht ganz einfach zu beantworten. K hat sich schließlich nicht direkt an die Kundschaft des P gewandt. Er hat zwar gewußt, daß die Redakteurin Stoff für einen Zeitungsartikel suchte, er hat auch damit gerechnet, daß ein solcher Artikel in dem Magazin erscheinen würde, wenn die Journalistin ihn nur geschickt genug verfaßte, aber kann er sich nicht darauf berufen, daß er mit seiner Information der Journalistin bei der Erfüllung ihrer beruflichen Aufgabe behilflich sein wollte? Diese Aufgabe bestand aber nicht darin, P beim Verkauf von Rauchwaren Konkurrenz zu machen, sondern darin, die Öffentlichkeit zu informieren und namentlich Mißstände anzuprangern. Mit einem Mißstand hatte es die Redakteurin aber doch zu tun, wenn das, was sie von K erfuhr, wahr war.
Objektiv waren aber die Äußerungen des K geeignet, seinen eigenen Absatz zu Lasten des Absatzes des P zu fördern. Wenn das der Fall ist, dann spricht die Lebenserfahrung dafür, daß die Äußerungen auch in Wettbewerbsabsicht getan worden sind. Es wäre wirklichkeitsfremd zu glauben, daß K sich bei seiner Informationserteilung nicht auch von der Absicht hat leiten lassen, aus der Einbuße, die bei Veröffentlichung des Artikels für P entstehen mußte, eigene Vorteile zu haben. Es läßt sich also ernsthaft nicht daran zweifeln, daß K mindestens auch zu Zwecken des Wettbewerbs handelte.
So ist hier wieder einmal die Frage entscheidend, ob K mit seinem Verhalten gegen die guten Sitten im Wettbewerb verstieß. Das Verhalten des K ist dadurch gekennzeichnet, daß er ein Urteil über die Qualität der Ware seines Wettbewerbers abgab. Meist geschieht das in der Werbung. Man nimmt in seiner eigenen Werbung auf die Ware oder gewerbliche Leistung des Konkurrenten Bezug und vergleicht beide miteinander. Deshalb nennt man dieses Verhalten **vergleichende oder bezugnehmende Werbung.** Nehmen Sie bitte keinen Anstoß daran, daß wir es in unserem Fall nicht unbedingt mit einer Werbung des K zu tun haben. Das ursprüngliche Anliegen jeder Werbung besteht darin, dem Kunden

die Ware anzupreisen, die man verkaufen möchte. Diese ursprünglichen Formen der Werbung erlebt man, wenn man die Wochenmärkte in unseren Städten besucht, man braucht dann noch nicht einmal die Ohren aufzusperren, die Anpreisungen erfolgen ohnehin laut genug. Wer Kinder beim Spiel beobachtet, wird oft genug erkennen, daß sie ihr eigenes Spielzeug gerade dadurch hervorheben, daß sie die Überzeugung äußern, es sei besser als das Spielzeug ihres Spielgefährten. Um diese Frage gibt es dann häufig erregte Auseinandersetzungen oder gar Streit, denn der Spielgefährte will sich sein eigenes Spielzeug ja nicht schlecht machen lassen.

Bei Kindern geht es nur um das Geltungsbedürfnis, bei Erwachsenen kommt das Gewinnstreben dazu. Der Kaufmann, der seine Kunden davon überzeugen kann, bei seinem Konkurrenten werde nur Ramsch verhökert, qualitativ gute Ware müsse man schon bei ihm kaufen, dieser Kaufmann wird am Klingeln seiner Kasse den Erfolg seiner Bemühungen ablesen können, den Konkurrenten im Ansehen der Kundschaft herabzusetzen.

Sehen Sie, so einfach kann sich die rechtliche Beurteilung der vergleichenden Werbung darstellen. Wie man es seinem Kinde verbietet, das Spielzeug des Spielkameraden mieszumachen – auch wenn das Kind recht hat – so kann man im Wettbewerb den Werbevergleich verbieten – auch wenn er zutrifft.

Sollten Sie an dieser Stelle ein wenig eingehalten und nachgedacht haben, dann werden Sie sicherlich erkannt haben, daß mein Vergleich mit den spielenden Kindern hinkt. Werbung und Wettbewerb sind kein Spiel und man muß auch damit ernst machen, daß der Verbraucher nicht nur die Rolle des Zuschauers spielt. Jedes sinnvolle Geschäft, das ein Kaufmann abschließt, enthält einen sinnvollen Ausgleich der Interessen der Vertragspartner. Wenn Kaufleute miteinander Geschäfte abschließen, dann wissen sie, daß jeder von ihnen seinen Nutzen daran hat. Es kommt vor, daß sie ihre Kalkulation offenlegen und daß jeder weiß, was dem anderen das Geschäft einbringt. So partnerschaftlich ist das Verhältnis zum Verbraucher bedauerlicherweise nicht immer. Und das ist auch der Grund dafür, daß sich in der rechtlichen Beurteilung der vergleichenden Werbung ein beträchtlicher Wandel vollzogen hat.

Als unsere Großväter so alt waren, wie wir jetzt sind, muß es wohl eine Manipulation der Verbraucher durch die Werbung in so großem Stil nicht gegeben haben, wie wir sie jetzt haben. Wenn wir uns auch nur den Rundfunk und das Fernsehen aus unserem Leben wegdenken – sofern uns das gelingt – dann kann es uns vielleicht unvollständig gelingen, uns in diese ganz andere Welt hineinzuversetzen. Vielleicht haben Sie Gelegenheit, sich Werbeanzeigen aus der Zeit der Jahrhundertwende einmal anzusehen. Wenn Sie sich vorstellen, daß Sie nur solcher Werbung begegnen – die Bilder lernten ja gerade erst laufen und waren von Werbefachleuten, die es kaum gab, noch nicht entdeckt – dann werden Sie vielleicht verstehen, daß in der rechtlichen Beurteilung des Werbevergleichs der Verbraucher noch keine Rolle spielte. Wozu auch, seine Interessen daran, daß ein solcher Vergleich ihm nützlich sein könnte, waren schlechthin noch nicht erkennbar. Man konnte sich darauf verlassen, daß er sich schon die richtige Meinung bilden würde, wenn ein Anbieter damit warb, daß er das Angebot des anderen Anbieters miesmachte. Also ließ sich ohne Beeinträchtigung des Verbrauchers der Rechtssatz aufstellen, **jeder Werbevergleich** sei vom Übel und schlechter Stil im Wettbewerb und deshalb auch **unlauter.**

Man sollte diese historische Situation nicht außer Betracht lassen, wenn man heute Gerichtsurteile aus dieser Zeit zur vergleichenden Werbung liest.

Die Zeiten haben sich gründlich geändert. Damals kaufte sich kaum jemand als der Kaiser oder der Landesfürst eine seetüchtige Yacht und die Werft, die eine solche Yacht bauen durfte, lieferte ganz gewiß Qualitätsarbeit, sonst durfte sie sich nicht länger „Hoflieferant" nennen und das war damals mehr wert als heute ein Lob in einer Testzeitschrift. Es gab keine Verkaufsausstellungen für Segelyachten und so konnte es auch nicht vorkommen, daß auf einer solchen Verkaufsausstellung von einem Aussteller eine Segelyacht als hochseetüchtig angepriesen wurde, die dieses Prädikat in Wirklichkeit nicht verdiente. Stellen Sie sich vor, Sie wären ein Konkurrent dieses Anbieters und hätten Ihren Stand neben ihm. Stellen Sie sich vor, Sie wüßten, daß es Selbstmord bedeutet, mit einer solchen Yacht bei Windstärke 6 in der Deutschen Bucht zu segeln. Würden Sie das den Besuchern Ihres Standes sagen? Oder würden Sie schweigen, um sich nicht der Unterlassungsklage Ihres Konkurrenten wegen vergleichender Werbung auszusetzen?

Das sind rhetorische Fragen. Es kann doch nicht gegen die guten Sitten im Wettbewerb verstoßen, wenn man jemanden durch einen guten Rat vor Lebensgefahr zu bewahren versucht, auch wenn man das Erzeugnis herabsetzt, das angeboten wird. In einem solchen Falle verdient das **überwiegende Interesse des Verbrauchers an Aufklärung** den Vorrang vor dem Schutz vor herabsetzender vergleichender Werbung.

Auch in anderer Hinsicht muß die Berücksichtigung des Verbraucherinteresses zu Abweichungen von dem Grundsatz führen, daß selbst der objektiv richtige Werbevergleich unzulässig sei. Viele Erzeugnisse, die heute im Handel sind und sich aus unserem Alltag nicht wegdenken lassen, kauft man nicht ohne sachkundige Beratung. An Testzeitschriften wird deutlich, wie groß das Bedürfnis des Verbrauchers an Information namentlich im Bereich der technischen Erzeugnisse geworden ist. Zum großen Teil befriedigt der Fachhandel dieses Informationsbedürfnis und wenn ein Kunde den Händler gezielt nach den Vorzügen und Nachteilen des einen Erzeugnisses im Vergleich mit einem anderen fragt, dann kann man es dem Fachhändler nicht verbieten, auf solche Fragen zu antworten, auch wenn er nun die beiden Erzeugnisse miteinander vergleicht. Ist der Befragte nicht Fachhändler, sondern selbst Hersteller der Ware, dann wird man ihm die Antwort auf eine solche Frage ebensowenig versagen können. Deshalb kann man in einem **Vergleich auf ausdrückliches Auskunftsverlangen der Kunden** kein wettbewerbswidriges Verhalten sehen, sofern dieser Vergleich wahrheitsgemäß, sachlich und mit der gebotenen Zurückhaltung vorgenommen wird.

Selbst dann, wenn die Interessen des Verbrauchers nicht in so hohem Maße bei der vorzunehmenden Wertung berücksichtigt werden müssen, gibt es Fälle, in denen sich gegen die Zulässigkeit eines Werbevergleichs nichts einwenden läßt. Schon früh hat man erkannt, daß sich manche Eigenschaften einer Ware gar nicht anders plausibel in der Werbung darstellen lassen als dadurch, daß man auf die vergleichbaren Eigenschaften einer anderen Ware Bezug nimmt. So liegt es nahe, für die Vorzüge eines luftgekühlten Motors mit dem Schlagwort zu werben „Luft kann nicht kochen". Gleiches gilt für Vertriebssysteme. So muß es einer Bank gestattet sein, in ihrer Werbung darauf hinzuweisen, daß man bei ihr einen Kleinkredit erhalten kann, ohne einen Kreditvermittler einschalten zu müssen. Diesen erlaubten Werbevergleich bezeichnet man als **Systemvergleich.** Mit ihm verwandt ist der **Fortschrittsvergleich.** So darf beispielsweise ein Hersteller von Eiswassergeräten für die Milchkühlung die Landwirte darauf

hinweisen, daß die Geräte eines Mitbewerbers nicht den Anforderungen für die Zukunft entsprechen, weil sie beim Übergang von der eintägigen zur zweitägigen Milchabholung nicht zwei Hofbehälter zugleich kühlen können. Ein solcher Vergleich muß nur objektiv richtig sein.
Eine nicht unwichtige Rolle bei der Beurteilung der Zulässigkeit eines Werbevergleichs spielt vielfach die Wettbewerbssituation, durch die er veranlaßt worden ist. Bezeichnet beispielsweise der Verlag V die bei ihm erscheinende Tageszeitung zu Unrecht als die auflagenstärkste in einem bestimmten Verbreitungsgebiet und tut er das in großen Eigenanzeigen, dann kann der dadurch zu Unrecht angegriffene Konkurrenzverlag K natürlich sofort die Gerichte anrufen. Er wird auch sehr schnell eine Entscheidung erlangen können, mit der es V bei Strafandrohung untersagt wird, mit dieser falschen Behauptung zu werben. Aber mit einer solchen gerichtlichen Entscheidung erhält K keine volle Wiedergutmachung. Von ihr erlangen ja bei weitem nicht so viele Leser Kenntnis wie von der unrichtigen Werbung. Vollständig rehabilitieren kann sich der angegriffene Verlag K eigentlich nur, wenn er sich nun seinerseits in gleichgroßen Zeitungsanzeigen mit V vergleicht und konkret herausstellt, daß die Auflage seiner Zeitung größer ist als die des Verlages V. Auch als **Abwehrvergleich** ist der Werbevergleich zulässig.
Eine bedeutende Rolle im Wettbewerb spielt auch der **Preisvergleich.** Mir ist zwar in langjähriger Praxis kein einziger Fall bekannt geworden, bei dem der eine Wettbewerber seine Preise unmittelbar mit denen des Konkurrenten verglichen hätte. Ein solches Verhalten ist auch kaum vorstellbar, solange jeder Wettbewerber frei kalkulieren kann und im Bereich der gebundenen Preise schon gar nicht. Für einen Wettbewerber, der sich nicht an empfohlene Richtpreise hält, kann es aber sehr wohl vorteilhaft sein, wenn er diese Tatsache angemessen in der Werbung herausstellt. Ein Werbevergleich wird daraus allerdings erst dann, wenn sich die Konkurrenten an den empfohlenen Richtpreis halten. Ist das der Fall, ist also ein solcher Preisvergleich nicht irreführend, dann verstößt er auch nicht gegen die guten Sitten im Wettbewerb.
Früher galt der Grundsatz, vergleichende Werbung sei sittenwidrig und damit unzulässig. Von diesem Grundsatz ist die Rechtsprechung in vielen Fällen abgerückt, die wichtigsten davon habe ich zu erläutern versucht. Ich halte es für müßig, darüber nachzudenken, ob denn nun der Grundsatz so noch aufrecht erhalten werden kann. Man kann ihn nämlich auch umkehren und verallgemeinernd sagen, die vergleichende Werbung sei nur dann sittenwidrig i.S. des § 1 UWG, wenn sie irreführend oder nicht durch überwiegende Interessen des Verbrauchers oder des Wettbewerbers gerechtfertigt sei. Es kommt immer auf die besonderen Umstände des Falles an. Deshalb sollte man sich davor hüten, die vergleichende Werbung pauschal und ohne Differenzierung zu bewerten, wie das gelegentlich geschieht.
Auch unser Ausgangsfall zwingt uns zu so differenzierter Bewertung:
Die Informationen, die K der Redakteurin gab, waren sicherlich dazu angetan, die von P vertriebene Ware in den Augen der Verbraucher herabzusetzen. Wer den Artikel in dem Nachrichtenmagazin dann las, der hatte keine Neigung mehr, für solche „Reste von Resten" noch Geld auszugeben. Sollte diese Information sachlich **unrichtig** sein und sollten damit die in dem Artikel angesprochenen Verbraucher **irregeführt** worden sein, dann gibt es eigentlich kein langes Überlegen. In diesem Fall hätte K mit der Informationserteilung gegen die guten Sitten im Wettbewerb verstoßen.

Da unser Sachverhalt darüber aber nichts aussagt, müssen wir davon ausgehen, daß die Information, die K erteilte, richtig war. Die von P vertriebenen Mäntel bestanden also aus der Sicht des Kürschners wirklich aus reinem Abfall, es wurden Reste von Resten und Persianerfetzen zu Mänteln verarbeitet. Wenn ein Kürschner sich einen solchen Mantel ansieht und wenn er auf Grund seiner Sachkunde zu solcher Erkenntnis gelangt, warum sollte man ihn eigentlich daran hindern, das in seiner eigenen Werbung laut und deutlich zu sagen?

Warum man ihm das wirklich nicht gestatten soll, das ist so leicht garnicht zu erklären. Wenn ich es versuche, dann werde ich wohl wieder auf meinen schon recht strapazierten Vergleich mit dem Sport zurückgreifen müssen. Bei einem Fußballspiel sieht niemand so leicht ein Foul wie der vermeintlich Gefoulte selbst, seine Mannschaft und die Anhänger seiner Mannschaft im Stadion. Ob das aber wirklich ein Foul war, darüber gibt es oft sehr geteilte Auffassungen. Der Foulspieler, seine Mannschaft und deren Anhänger haben darüber meist eine ganz andere Meinung. Deshalb kann man die Entscheidung darüber, ob wirklich gefoult wurde, nicht dem vermeintlich Gefoulten, nicht dessen Mannschaft und auch nicht der laut pfeifenden Anhängerschaft überlassen. Das geht ebenso wenig, wie man dem Foulspieler, dessen Mannschaft oder deren Anhängerschar – die vielleicht ebenso laut oder noch lauter pfeift – das Urteil über sein eigenes Verhalten anvertrauen darf. Würde man also nicht einen Unparteiischen auf dem grünen Rasen mitlaufen lassen, dann gäbe es bald keinen Fußball mehr, sondern nur noch Rauferei.

Im Wettbewerb kann man den Werbevergleich durchaus mit dem Foul im Fußball vergleichen. Mindestens kann man die Entscheidung darüber, ob das wirklich ein Foul ist, ob das also ein ungerechtfertigt herabsetzender und deshalb sittenwidriger Vergleich ist, nicht dem einen oder anderen Wettbewerber überlassen. Es muß der Grundsatz gelten, daß niemand Richter in eigener Sache sein kann. Auf den Wettbewerb übertragen heißt das, daß kein Wettbewerber die Leistung seines Mitwettbewerbers beurteilen darf. Wollte man das zulassen, dann ergäben sich ähnliche Verhältnisse wie bei einem Fußballspiel, bei dem der Schiedsrichter fehlt. Und dann muß man wirklich auch fragen, was der Zuschauer von einem solchen Spiel hätte. Ähnlich würde es dem Verbraucher gehen, wenn sich die Konkurrenten in der Werbung mit Tiefschlägen bedächten. Seinem Interesse an sachgerechter Aufklärung dient das nicht.

Wir werden mit diesen Erwägungen allerdings dem Fall noch nicht gerecht. K hat ja nicht in seiner Werbung damit getrommelt, daß P seine Persianermäntel aus Resten von Resten zusammenstoppele, er hat vielmehr die Redakteurin eines großen Nachrichtenmagazins darüber unterrichtet. Das ist ein Unterschied und wenn man darüber nachdenkt, dann ist das ein großer Unterschied. Denn ob diese Information an die Leser weitergegeben wurde, darüber hatte K durchaus nicht zu entscheiden. Darüber entschied vielmehr zunächst die Redakteurin, dann vielleicht der Chefredakteur und endgültig – das ist nicht auszuschließen – der Verleger. War P kein wichtiger Anzeigenkunde, den man nicht verärgern durfte, dann hing die Veröffentlichung davon ab, wieviel Wert sie im Vergleich mit anderen zur Verfügung stehenden Artikeln für den Absatz des Magazins hatte, denn schließlich macht man ein solches Magazin nicht als eine gemeinnützige Einrichtung, sondern um es zu verkaufen und die Auflage möglichst zu vergrößern.

Nun ist gerade ein Pressebericht, der ein Werturteil über eine Ware enthält, ein heißes Eisen für eine Redaktion. Hersteller verteidigen ihre Erzeugnisse regelmäßig mit viel Einsatz und eine nicht hinreichend abgesicherte Beurteilung einer

Ware macht leicht einem Verleger viel Ärger und Kosten. Es gibt viele Dinge, über die man unbeschwerter schreiben kann.
Wenn sich also ein Publikationsorgan dazu entschließt, einen Artikel zu veröffentlichen, der einen solchen Inhalt hat, wie unser Fall ihn wiedergibt, dann schätzt es das Interesse der Öffentlichkeit an Unterrichtung (man kann auch sagen: seinen von Wettbewerbsrücksichten nicht beeinflußten Absatzerfolg!) so hoch ein, daß daneben das Wettbewerbsverhältnis zwischen dem Objekt der Berichterstattung und dem Informanten keine Rolle mehr spielt.
Der Bundesgerichtshof hat das alles in den Gründen seiner Entscheidung in diesem Fall, die Sie in der „Neuen Juristischen Wochenschrift" (NJW) Jahrg. 1968 S. 1419ff. nachlesen können, sehr viel gründlicher und ausführlicher dargelegt, als ich es kann. Lesen Sie es dort bitte nach.
Wie Ihnen bekannt ist, gab es und gibt es noch Presseerzeugnisse, die sich speziell mit **Warentests** befassen. Es gibt ein großes Informationsbedürfnis des Publikums über die vielfältigen heute angebotenen Waren und eine objektive Information hierüber wird umso lebhafter begrüßt, je weniger überschaubar Qualität, Preis und Eigenschaften einer Ware für den Verbraucher sind. Mit Informationen über die Ergebnisse von Warentests müßte sich also erfolgreich Handel betreiben lassen und Information und Meinungen verkauft man eben auch mit Presseerzeugnissen. Im Zusammenhang mit unserem Fall wird deshalb die Frage zu behandeln sein, wie **Testzeitschriften** wettbewerbsrechtlich zu beurteilen sind. Diese Frage ist verhältnismäßig schnell beantwortet. Ein Verleger handelt mit Nachrichten und Meinungen, nicht mit einer Ware. Wenn er über eine Ware berichtet, dann macht ihn das nicht zum Wettbewerber des Herstellers, sein Wettbewerber kann nur wieder ein Verleger sein. Deshalb ist es **kein wettbewerbsrechtliches Problem,** wenn der Hersteller einer Ware nicht einverstanden ist. Und weil das Wettbewerbsrecht für solche Konflikte keine Lösungen anbieten kann, deshalb möchte ich es auch bei dem Hinweis bewenden lassen, daß die rechtlichen Schranken für Warentests und Testzeitschriften viel mehr Raum lassen, als man bei dem wirtschaftlichen Erfolg solcher Zeitschriften vermuten könnte.
Unser Ausgangsfall nötigt uns noch zu einer weiteren Überlegung: Wenn das Nachrichtenmagazin den Artikel veröffentlicht, dann entsteht P mit Sicherheit sehr großer **Schaden.** Wer den Artikel gelesen hat, wird sich schwerlich dazu entschließen, noch einen Pelzmantel zu kaufen oder zu bezahlen, der von P hergestellt worden ist. P wird seine Mäntel nur noch bei Kunden umsetzen können, die sich nicht informiert haben. Ihn wird es interessieren, ob er Schadensersatz verlangen kann.
Nach § 1 UWG kann derjenige, der gegen die guten Sitten im Wettbewerb verstößt, nicht nur auf Unterlassung, sondern auch auf Schadensersatz in Anspruch genommen werden. Für die wettbewerbsrechtliche Behandlung unseres Falles (er enthält auch presserechtliche und zivilrechtliche Probleme) haben wir damit die Lösung schon gefunden. Wenn P keinen Unterlassungaanspruch hat, dann steht ihm auch ein Schadensersatzanspruch aus § 1 UWG nicht zu.
Würde es sich aber um einen Fall vergleichender Werbung handeln, die gegen die guten Sitten im Wettbewerb verstößt, dann hätten wir uns außer mit den schon behandelten Tatbestandsmerkmalen bei der Prüfung der Frage, ob Schadensersatz verlangt werden kann, auch noch mit einem weiteren Tatbestandsmerkmal zu befassen. Bei der Lektüre des § 1 UWG wird Ihnen das nicht einleuchten wollen, denn nach dem Wortlaut dieser Vorschrift scheint es so, als könne Schadensersatz unter denselben Voraussetzungen verlangt werden, die den Unterlassungs-

anspruch rechtfertigen. Und doch ist der Schadensersatzanspruch davon abhängig, daß den Handelnden **Verschulden** trifft, wohingegen der Unterlassungsanspruch ein Verschulden des Handelnden nicht voraussetzt.
Weil das aus dem Gesetz nicht hervorgeht, ist die Frage berechtigt, weshalb der Schadensersatzanspruch von diesem zusätzlichen Erfordernis abhängt. Schlagen Sie bitte Fall 39 in Band III dieser Reihe nach. Dort ist ausgeführt, daß es in unserem Schadensersatzrecht das sogenannte **Verschuldensprinzip** gibt. Auf Schadensersatz haftet man nur ausnahmsweise ohne Verschulden. Eine solche Ausnahme muß sich aus dem Gesetz ergeben. Der Schadensersatzanspruch aus § 1 UWG ist aber nicht anderer Art als der aus § 823 BGB. Er setzt also Verschulden voraus, auch wenn das aus dem Wortlaut des § 1 UWG nicht erkennbar ist.
Allerdings wird meist auch schuldhaft handeln, wer gegen die guten Sitten im Wettbewerb verstößt. Unter welchen Voraussetzungen ein Schuldvorwurf erhoben werden muß und welche Schuldformen es gibt, das ist in Fall 37 Band I dieser Lehrbuchreihe ausführlich behandelt. Lesen Sie es dort bitte nach. Im Wettbewerbsrecht wird sich der Handelnde häufig darauf berufen, er habe nicht gewußt, daß er gegen die guten Sitten im Wettbewerb verstoße. Dieser **Rechtsirrtum** hat aber nur insoweit Bedeutung, als er vorsätzliches Handeln ausschließt, denn zum Vorsatz gehört das **Bewußtsein der Rechtswidrigkeit.** Der Schuldvorwurf bleibt gleichwohl in der Regel bestehen, dem Handelnden muß fast immer vorgeworfen werden, daß er bei sorgfältiger Überlegung und bei Einholung der ihm zumutbaren Erkundigungen das Unerlaubte seines Handelns hätte erkennen können. Seine Handlung ist dann fahrlässig, zur Begründung der Haftung auf Schadensersatz reicht auch das aus.

Wenngleich hiernach die Voraussetzungen für einen Schadensersatzanspruch sich nicht schwergewichtig von denen eines Unterlassungsanspruchs unterscheiden, sind in der Praxis Schadensersatzklagen aus § 1 UWG fast als eine Seltenheit zu bezeichnen. Das beruht darauf, daß der Geschädigte den **Eintritt des Schadens,** dessen **Höhe** und vor allem auch die **Ursächlichkeit** der angeblich schädigenden Handlung für den Eintritt des Schadens beweisen muß. Im Wettbewerb wird sich der Schaden in aller Regel dadurch bemerkbar machen, daß der tatsächliche Umsatz in einer bestimmten Zeit hinter dem erwarteten Umsatz zurückbleibt. Es ist aber schon schwer zu ermitteln, welcher Umsatz nach den Umständen erwartet werden konnte. Das hängt meist von mehreren oder gar vielen Faktoren ab und die Auswirkungen der wettbewerbswidrigen Handlung eines Konkurrenten sind nur einer dieser Faktoren. Selbst wenn festgestellt werden kann, daß ein höherer als der tatsächliche Umsatz zu erwarten gewesen wäre, ist vielfach zweifelhaft, ob dafür die wettbewerbswidrige Handlung ursächlich oder auch nur mitursächlich war.
Diese außerordentlich schwierigen Fragen machen eine Schadensersatzklage vielfach so riskant, daß der beeinträchtigte Konkurrent sich lieber mit der mehr Erfolg versprechenden Unterlassungsklage begnügt. Sie verschafft ihm zwar keinen Ersatz seines Schadens, aber die Genugtuung, im Prozeß über den wettbewerbswidrig handelnden Konkurrenten obsiegt zu haben, und die begründete Erwartung, daß dieser sich in Zukunft besser in Acht nimmt, zumal er die oft sehr hohen Prozeßkosten zu tragen hat.
In diesem Zusammenhange ist der Hinweis angebracht, daß der Kläger mit der Unterlassungsklage gemäß § 23 Abs. 2 UWG den Antrag verbinden kann, ihm die Befugnis zur Veröffentlichung des Urteilstenors zuzusprechen. Große praktische Bedeutung hat diese sogenannte **Bekanntmachungsbefugnis** oder **Veröffentlichungsbefugnis** nicht. Schon ein entsprechender Antrag ist in der Praxis außerordentlich selten.

Fall 13: Abwerbung, Verleitung zum Vertragsbruch, Gesetzesverstoß, Erstbegehungs- und Wiederholungsgefahr, Unterlassungstitel, Abmahnung

Der Teppichhändler B braucht dringend einen Mitarbeiter, der ihn während einer kurzfristig bevorstehenden, voraussichtlich aber länger dauernden Abwesenheit im Geschäft vertreten kann. A scheint ihm der geeignete Mann dafür zu sein, doch ist A Angestellter seines Konkurrenten K. Weil die Angelegenheit keinen Aufschub duldet, sucht B den A in den Geschäftsräumen des K auf und schlägt ihm vor, sein Mitarbeiter zu werden. A äußert Bedenken, weil sein Vertrag erst nach der geplanten Abreise des B kündbar ist. B verspricht dem A jedoch nicht nur ein höheres Gehalt, er will A auch von etwaigen Ansprüchen des K freistellen, wenn A sofort bei ihm anfängt. A verlangt daraufhin von K eine kräftige Gehaltserhöhung und erzählt ihm von den Abwerbungsversuchen des B. K kann B zum Bleiben bewegen. Am nächsten Sonntag geht A am Geschäftslokal des B vorbei, findet es geöffnet und sieht, daß B darin mit einem Kunden verhandelt. Er entschließt sich, die Gelegenheit zu nutzen, um B davon zu benachrichtigen, daß er bei K bleiben wolle. Wegen der von B mit dem Kunden geführten Verhandlung muß er warten und hört, wie B sich mit dem Kunden über den Verkauf eines Teppichs handelseinig wird. Auch das erzählt er K, der sich nun entschließt, Ansprüche gegen B geltend zu machen. Hat K solche Ansprüche?

Besprechung:

K nimmt an zwei Handlungen des B Anstoß, nämlich einmal an dem Abwerben des A und zum anderen an dem Verkauf von Waren an einem Sonntag. Es ist zweckmäßig, beide Handlungen getrennt auf ihre wettbewerbsrechtliche Bedeutung zu untersuchen; beiden Handlungen ist gemeinsam, daß sie im geschäftlichen Verkehr und zu Zwecken des Wettbewerbs vorgenommen werden.
Das **Abwerben von Angestellten** ist im Wettbewerb von großer Bedeutung, jedenfalls solange der Arbeitsmarkt ein solches Verhalten nicht überflüssig macht. Zu Zeiten ist es für den Wettbewerber aber fast noch wichtiger, genug tüchtige Mitarbeiter zu haben, als den Kundenstamm zu vergrößern. Deshalb muß man es sehr in Frage stellen, ob das Abwerben von Angestellten wettbewerbsrechtlich denn überhaupt von Bedeutung sein kann. Schließlich kann und darf doch niemand daran Anstoß nehmen, daß Wettbewerber sich um denselben **Kunden** bemühen. Darin besteht schließlich das Wesen des Wettbewerbs. Warum sollte es denn verboten sein, sich durch **Anwerben von Angestellten** erst die Möglichkeit zu verschaffen, am Wettlauf um die Gunst der Kunden teilzunehmen.
Gegen diese Argumentation läßt sich in der Tat nichts sagen, nichts aus der Sicht des Wettbewerbers, der qualifizierte Mitarbeiter nur selten anders finden wird und schon garnichts aus der Sicht der Arbeitnehmer, denen doch die Möglichkeit offengelassen werden sollte, ihren Arbeitsplatz zu wechseln, wenn ihnen der Konkurrent ihres bisherigen Arbeitgebers mehr Arbeitsentgelt, bessere Arbeitsbedingungen oder bessere Aufstiegschancen bietet.
Hätte B es also damit bewenden lassen, sich an A zu wenden, um ihn zum Überwechseln zu veranlassen, dann ließe sich dagegen nichts einwenden. K hätte keinen Anspruch darauf, daß B das unterläßt.
Unser Sachverhalt berichtet nun aber, daß B die Abwerbung unter besonderen Begleitumständen versucht hat. Er hat einmal den A zum Zwecke der Abwerbung in den Geschäftsräumen des K aufgesucht und er hat zum anderen den A zu überreden versucht, seine Tätigkeit für K ohne Einhaltung der vereinbarten

Kündigungsfrist und damit unter Vertragsbruch zu beenden. Beides kann wettbewerbsrechtlich von Bedeutung sein.
Könnte man K nach seiner Meinung befragen, ob er es für zulässig halte, daß man ihm Angestellte gerade **während der Arbeitszeit und in den Geschäftsräumen** abzuwerben versucht, dann wäre das Ergebnis recht eindeutig. K würde das ablehnen. Er würde geltend machen, daß er seine Angestellten nicht dafür bezahle, daß sie während der Arbeitszeit Abwerbungsgespräche mit Konkurrenten führten und daß er in seinen Geschäftsräumen wohl Geschäfte machen wolle, daß diese Räume aber nicht der Arbeitsmarkt für seine Angestellten seien und daß es doch unmöglich richtig sein könne, wenn während der Arbeitszeit in seinen Geschäftsräumen seine Angestellten in Streitgespräche über die Vor- und Nachteile der einzelnen Abwerbungsangebote verwickelt würden oder gar die verschiedenen Konkurrenten dort ihren Kampf um die Gunst seiner Angestellten austrügen.
Was kann man dem schon entgegenhalten. Aus dem Blick des abwerbenden Wettbewerbers sicher nichts, denn ihm kann es doch genau so ergehen und er wird sich dann ebenso nachhaltig zur Wehr setzen wollen. Und dem umworbenen Angestellten wird es meist auch nicht recht sein, wenn seine Verhandlungen um den neuen Arbeitsplatz unter der Kontrolle seines bisherigen Arbeitgebers vor sich gehen. Vielleicht will er ja garnicht ernsthaft wechseln oder er will das Angebot des Konkurrenten nur dazu benutzen, bei seinem bisherigen Arbeitgeber günstigere Bedingungen auszuhandeln. Wer läßt aber schon vorher gerne seinen Arbeitgeber wissen, mit welchen Plänen er sich trägt und wartet nicht lieber, bis sich die Alternative konkretisiert hat.
Damit ist das Ergebnis dieser Alternative gewonnen: Das **Eindringen in eine fremde Betriebssphäre** zum Zwecke des Ausspannens von Angestellten verstößt gegen die guten Sitten im Wettbewerb. K hat einen Anspruch darauf, daß B diese Form des Abwerbens unterläßt.
Bei der zweiten Alternative unseres Falles ergibt sich die Lösung ziemlich leicht. Wer im Wettbewerb seinen Vorteil daraus zu ziehen versucht, daß Verträge zum Nachteil des Mitbewerbers gebrochen werden, der verstößt durch solches **Verleiten zum Vertragsbruch** oder durch das **Ausnutzen des Vertragsbruchs** gegen die guten Sitten im Wettbewerb.

Jeder Teilnehmer am Wettbewerb hat als Vertragspartner seiner Mitarbeiter ein großes Interesse an vertragstreuen Verhalten seiner Mitarbeiter, wie ja auch von ihm Vertragstreue erwartet wird. Deshalb sollte man annehmen, daß im Verhältnis der Wettbewerber zueinander die Verleitung von Mitarbeitern zum Vertragsbruch in besonders starkem Maße verpönt ist und infolgedessen auch selten vorkommt. Gleichwohl trifft diese Annahme nicht zu. Verleiten von Mitarbeitern zum Vertragsbruch gibt es nicht nur in der beschriebenen Form. Von besonderer Bedeutung ist in der Praxis das auch hierhin gehörende Zahlen von **Schmiergeldern** zur Erlangung von Wettbewerbsvorteilen, das in seinem Unrechtsgehalt der Bestechung von Beamten oft ziemlich verwandt ist und daher in § 12 UWG ebenfalls mit Strafe bedroht ist – mit dem Unterschied freilich, daß die Dunkelziffer bei der strafbaren Zahlung von Schmiergeldern noch größer ist als bei der Bestechung.
Das Ausnutzen fremden Vertragsbruchs verstößt unter gewissen Voraussetzungen ebenfalls gegen die guten Sitten im Wettbewerb. Erhebliche praktische Bedeutung hatte dieser Gesichtspunkt für die **Preisbindung der zweiten Hand** bei Markenwaren. Von Bedeutung ist er immer noch für die Preisbindung bei Verlagserzeugnissen. Grundlage dieser Preisbindung ist jeweils ein Vertrag, mit dem sich der Abnehmer der Ware verpflichtet, beim Verkauf an den letzten Verbraucher einen bestimmten Preis zu fordern.
Solche **Preisbindungsverträge** waren unter gewissen Voraussetzungen in Bezug auf Markenwaren bis zur Novellierung des Kartellgesetzes im Jahre 1973 zulässig, sie sind für

Verlagserzeugnisse auch jetzt noch gestattet. Sie konnten und können nur wirksam sein, wenn sie mit dem Versprechen des Abnehmers gekoppelt sind, die Ware nur an den letzten Verbraucher oder nur an solche Wiederverkäufer abzugeben, die ihrerseits die Einhaltung der Preisbindung versprechen. Keine Preisbindung kann ohne lückenlose **Vertriebsbindung** funktionieren. Bei intaktem Preisbindungssystem kann ein Händler, der seinerseits zur Einhaltung der Preisbindung vertraglich nicht verpflichtet ist und den man deshalb **Außenseiter** nennt, in den Besitz der preisgebundenen Ware nur dann kommen, wenn ein anderer zur Einhaltung der Preisbindung verpflichteter Händler sich an sein vertragliches Versprechen nicht hält und unter **Vertragsbruch** den Außenseiter beliefert. Diesen Vertragsbruch **nutzt der Außenseiter aus** und verstößt damit gegen die guten Sitten im Wettbewerb.

Es bleibt zu prüfen, ob K verlangen kann, daß B Verkäufe in seinen Geschäftsräumen an Sonntagen unterläßt. Wie Sie wissen, sind die Öffnungszeiten von Verkaufsräumen im Einzelhandel gesetzlich geregelt. Primärer Grund für diese gesetzliche Regelung, die den Verkauf an Sonntagen untersagt, ist allerdings die Schaffung der Voraussetzungen für die Einhaltung der Arbeitszeiten der im Handel tätigen Arbeitnehmer. Es handelt sich also nicht primär um eine wettbewerbsrechtliche, sondern um eine arbeitsrechtliche Regelung. Gleichwohl ist ein Verstoß gegen das Ladenschlußgesetz auch wettbewerbsrechtlich relevant. Wer gegen das Gesetz verstößt, verschafft sich nämlich zugleich einen Vorsprung im Wettbewerb gegenüber denjenigen Wettbewerbern, die sich gesetzestreu verhalten. Unter diesen Voraussetzungen liegt in einem **Verstoß gegen geltende Gesetze** zugleich ein **Verstoß gegen die guten Sitten im Wettbewerb.**
Mit einem ähnlichen Fall hatte ich mich kürzlich zu befassen. Er wies die Besonderheit auf, daß der Beklagte, den wir wieder B nennen wollen, sein Geschäft an einem Samstag eröffnete und in der Werbung ankündigte, er werde nur an diesem Samstag, der kein verkaufsoffener war, sein Geschäft bis 18^{00} Uhr geöffnet halten, sich jedoch in Zukunft an die allgemeinen Öffnungszeiten halten. Am Eröffnungstage fand tatsächlich noch bis 15^{00} Uhr Verkauf in den Geschäftsräumen statt und der Konkurrent K klagte gegen B auf Unterlassung. B wehrte sich und machte geltend, das sei einmal vorgekommen und werde nicht wieder vorkommen, er habe ja schon in der Werbung darauf hingewiesen, daß nur am Eröffnungstage bis 18^{00} Uhr verkauft werde. Es könne aber nicht richtig sein, ihm ein Verhalten zu verbieten, das er von sich aus nicht wiederholen wolle, wie er ja schon in der Werbung betont habe.
Diese Argumentation ist nicht ohne weiteres von der Hand zu weisen, wie folgende Überlegungen zeigen:
Wer einen Anspruch auf Bezahlung einer bestimmten Geldsumme hat, die ihm sein Schuldner nicht bezahlen will, der kann die Gerichte anrufen, damit einmal in dem Rechtsstreit entschieden wird, ob ihm die Forderung zusteht, zum zweiten aber auch, damit der Staat ihm bei der Durchsetzung seines Rechts hilft, indem er ihm die Vollstreckungsorgane zur Verfügung stellt und den nicht freiwillig zahlenden Schuldner mit dem Einsatz hoheitlicher Gewalt zur Erfüllung der Forderung veranlaßt. Wer einen Anspruch auf Unterlassung einer bestimmten Handlung gegen einen anderen hat, dem steht ein Recht zu, daß sich von einem Zahlungsanspruch sehr deutlich unterscheidet. Schon rein gedanklich setzt ein Unterlassungsanspruch voraus, daß die Gefahr besteht, der Gegner werde die Handlung vornehmen, die er unterlassen muß. So kann ich als Wettbewerber von meinen Konkurrenten nicht verlangen, daß sie Verstöße gegen das Ladenschlußgesetz unterlassen, wenn sie garnicht daran denken, ihre Verkaufsräume außer-

halb der Öffnungszeiten geöffnet zu halten. Anders liegen die Dinge, wenn jemand in der Werbung ankündigt, er wolle am Samstag nachmittag verkaufen. Dann ist zu befürchten, daß er sich an diese Werbeankündigung auch hält und wegen dieser **Erstbegehungsgefahr** besteht nun auch bereits der Unterlassungsanspruch. Auf unseren Fall bezogen können wir damit feststellen, daß K gegen B jedenfalls in der Zeit zwischen Erscheinen des Werbeinserats und Eröffnungstag einen solchen Unterlassungsanspruch hatte.

Es fragt sich, ob dieser Anspruch auch noch besteht, wenn der Eröffnungstag vorüber ist. Liegen die Dinge jetzt nicht wieder so wie vor dem Erscheinen des Inserats? Oder muß man für die Beurteilung der Rechtslage nicht andere Maßstäbe anlegen, nachdem B einmal konkret gegen die Verpflichtung zu lauterem Verhalten im Wettbewerb verstoßen hat.

Eines ist festzuhalten: Wenn nicht die Gefahr eines erneuten Verstoßes gegen die konkrete wettbewerbsrechtliche Pflicht bejaht werden kann, dann besteht kein Unterlassungsanspruch. Nach erstmaligem Verstoß muß also **Wiederholungsgefahr** bestehen. Sie wäre sicher zu verneinen, wenn am Eröffnungstage ein Brand ausgebrochen wäre und B daraufhin seinen Plan ganz aufgegeben hätte, ein solches Geschäft zu eröffnen, sich statt dessen als Prokurist in die Dienste eines anderen Unternehmers begeben hätte.

Bleibt B aber Wettbewerber, dann wird er sich gefallen lassen müssen, daß man aus seinem erstmaligen Wettbewerbsverstoß den Schluß herleitet, er werde sich gelegentlich wieder in gleicher Weise wettbewerbswidrig verhalten. Diesen Schluß entkräftet er nicht, wenn er schon vor dem ersten Verstoß erklärt, er mache das aber nur einmal und nur aus einem bestimmten Anlaß. Könnte er damit den Unterlassungsanspruch wirksam abwehren, dann wäre das geradezu ein Anreiz, demnächst das halbjährige Bestehen des Geschäfts wieder mit einem Verkauf nach Ladenschluß zu feiern.

K muß also die Gerichte in Anspruch nehmen können, um seinen Anspruch auf Unterlassung durchzusetzen. Was erreicht er aber damit? Er hat Anspruch darauf, daß B es unterläßt, in seinen Geschäftsräumen außerhalb der gesetzlichen Öffnungszeiten noch Ware zu verkaufen. Also wird das Gericht dem B dieses Verhalten untersagen. Hat K aber einen solchen **Unterlassungstitel** erstritten, dann kann er nun nicht wie bei einem Zahlungstitel den Gerichtsvollzieher losschicken, damit dieser bei B pfände (das kann er nur wegen der ihm entstandenen und von B zu erstattenden Prozeßkosten). Ein solcher Unterlassungstitel erlangt abgesehen von der erzieherischen Wirkung der oft recht hohen vom Beklagten zu tragenden Prozeßkosten seine praktische Bedeutung erst dann, wenn B gegen das in dem Urteil ausgesprochene Verbot verstößt. Auf Antrag des K wird dann das Gericht erneut tätig und verhängt gegen B eine **Geldstrafe,** die B an den Staat entrichten muß, weil er dem gerichtlichen Verbot zuwider gehandelt hat. Die Höhe der Strafe bemißt das Gericht nach den Umständen der Zuwiderhandlung wie auch sonst im Strafrecht. Bei schwerwiegenden Verstößen ist eine **Haftstrafe** bis zu sechs Monaten für jeden Fall der Zuwiderhandlung möglich. Die Einzelheiten dieser **Vollstreckung aus einem Unterlassungstitel** können Sie in § 890, 891 der Zivilprozeßordnung nachlesen.

An dieser Stelle ist die Frage berechtigt, ob denn ein gerichtliches Verfahren in jedem Fall erforderlich ist, wenn jemand einen Wettbewerbsverstoß begangen hat und die Wiederholungsgefahr nicht ausgeräumt ist. Erfahrungsgemäß beruhen viele gegen den lauteren Wettbewerb verstoßende Handlungen auf Unkenntnis. Ebenso häufig ist die Bereitschaft vorhanden, dem Wettbewerber zu ver-

sprechen, daß der Verstoß sich nicht wiederholen wird. Wenn die Dinge so liegen, dann muß sich das Gerichtsverfahren mitsamt den dadurch entstehenden Prestigeproblemen und den hohen Kosten doch eigentlich vermeiden lassen.
Steht der erste oder wiederholte Wettbewerbsverstoß nicht kurz bevor und bestehen Anhaltspunkte dafür, daß er ohne Inanspruchnahme der Gerichte vermieden werden kann, dann wird man von dem Wettbewerber, der die Unterlassung fordern kann, meist den Versuch erwarten müssen, ohne Gerichtsverfahren auszukommen. Das kann erreicht werden, indem er seinen Gegner auffordert, die bevorstehende wettbewerbswidrige Handlung zu unterlassen und ihm das auch schriftlich zu versprechen. Eine solche Aufforderung nennt man **Abmahnung.** Der Anspruchsberechtigte braucht sich allerdings nicht mit dem bloßen Unterlassungsversprechen des Gegners zu begnügen. Bei Gericht würde er ja ein Urteil erhalten, das auf seinen Antrag bereits eine Strafandrohung für den Fall der Zuwiderhandlung enthält, und er hätte die Möglichkeit, bei erneutem Verstoß die Bestrafung zu verlangen. Man kann ihm also nur dann zumuten, von dem gerichtlichen Verfahren Abstand zu nehmen, wenn er auf seine Abmahnung von seinem Gegner etwas annähernd Gleichwertiges erhält. Annähernd gleichwertig wäre eine Erklärung, mit der dieser sich verpflichtet, derartige Wettbewerbsverstöße in Zukunft zu unterlassen, und in der er sich weiter verpflichtet, für jeden Fall der Zuwiderhandlung an den Anspruchsberechtigten eine Vertragsstrafe in einer bestimmten Höhe zu zahlen. Die Vertragsstrafe muß hoch genug bemessen sein, das Unterbleiben des Verstoßes in der Zukunft wirklich zu gewährleisten.
Mit einer solchen sogenannten **strafbewehrten Unterlassungsverpflichtungserklärung** – aber auch in der Regel nur mit ihr – wird die Wiederholungsgefahr oder die Erstbegehungsgefahr zuverlässig beseitigt und zugleich entfällt nun auch für den Anspruchsberechtigten das Bedürfnis, die Gerichte noch in Anspruch zu nehmen. Tut er es gleichwohl, dann wird er im Rechtsstreit unterliegen.
Eines muß in diesem Zusammenhange noch erwähnt werden: Wer wegen einer wettbewerbswidrigen Handlung einen Unterlassungsanspruch gegen einen Konkurrenten hat, der ist berechtigt, zur Durchsetzung seines Anspruchs **anwaltliche Hilfe** in Anspruch zu nehmen. Er kann sich anwaltlicher Hilfe auch schon für die Abmahnung bedienen. Das bedeutet, daß der Gegner die dadurch entstehenden Anwaltskosten bezahlen muß.

Fall 14: Irreführung in der Werbung, Lockvogelangebot

Im Jahre 1967 betrug der günstigste Fabrikabgabepreis für „Scharlachberg Meisterbrand" DM 9,85 und für „Doornkaat" DM 7,63. Beide Artikel waren nicht preisgebunden. Der Einzelhändler B warb in seinem Schaufenster und mit Flugblättern, die im Geschäft verteilt wurden, mit folgenden Angaben:

Mein Angebot:
$^1/_1$ Flasche Scharlachberg Meisterbrand (0,7 l) nur DM 9,40!
$^1/_1$ Flasche Doornkaat (0,7 l) nur DM 7,25!

Tatsächlich verkaufte B die beiden Spirituosen während seiner Werbeaktion, die er zeitlich nicht befristet hatte, zu diesem Preis.
Sein Konkurrent K, dessen Einzelhandelsgeschäft mit Lebensmitteln in unmittelbarer Nähe des Ladenlokals des B lag, fühlte sich durch diese Aktion des B beeinträchtigt. Wird er verlangen können, daß B diese Verkäufe unter Einkaufspreis unterläßt und auch nicht mehr in dieser Weise wirbt?

Besprechung

Wir sollten uns zunächst wie gewohnt die Frage stellen, ob K einen Unterlassungsanspruch aus § 1 UWG herleiten kann. B handelt im geschäftlichen Verkehr und er handelt auch zu Zwecken des Wettbewerbs, insoweit ergeben sich keine Zweifel. Fraglich ist, ob B mit dem Angebot der beiden Spirituosen **unter Einkaufspreis** gegen die guten Sitten im Wettbewerb verstößt. Aber bevor wir uns auf diese heikle Prüfung einlassen, sollten wir vielleicht im Gesetz nachsehen, ob sich nicht eine andere Vorschrift findet, die es uns leichter macht, zu einem Urteil zu kommen.

Oder läßt sich etwa die Auffassung vertreten, der Verkauf von Waren unter Einkaufspreis verstoße unter allen Umständen gegen die guten Sitten im Wettbewerb? Allgemein gültig kann diese Auffassung sicher nicht sein. Denken Sie bitte an leicht verderbliche Ware, die sich schlecht mit Gewinn absetzen läßt, oder denken Sie an stark der Mode unterworfene Artikel oder an Ware, für die Nachfrage am Ende einer Jahreszeit nicht mehr zu erwarten ist. In allen diesen Fällen wird doch niemand einem Kaufmann einen Verstoß gegen die guten Sitten im Wettbewerb vorwerfen wollen, wenn er bestrebt ist, die Ware umzusetzen, selbst wenn sie ihm den Einkaufspreis nicht mehr einbringt.

So liegt allerdings unser Fall nicht. Schnäpse verderben nicht und sie werden zu jeder Jahreszeit getrunken und darum auch gekauft. Man kann auch nicht gerade sagen, daß die Trunkgewohnheiten einer schnell wechselnden Mode unterworfen sind.

Wenn Sie B fragen, was er von seiner Werbeaktion hält, dann wird er Ihnen wohl etwa die folgende Antwort geben: Er wird zugeben, daß ihn der Verkauf der beiden Schnäpse unter Einkaufspreis bares Geld kostet. Er wird auch zugeben, daß es mit der Differenz zwischen Einkaufspreis und Verkaufspreis nicht getan ist, daß sein Aufwand vielmehr größer ist. Denn wenn er seine Kosten gleichmäßig auf alle Artikel seines Angebots umlegt, dann muß er ja auch für die beiden Schnäpse einen errechenbaren Betrag mehr verlangen, als sie ihn selbst gekostet haben. Diesen Betrag investiert er auch noch in seine Werbeaktion, wenn man von dem Verzicht auf den sonst erreichbaren Gewinn garnicht reden will. B wird aber darauf hinweisen, daß er mit seiner Aktion einen Werbeerfolg erzielen will. Er wird mit Recht geltend machen, daß ihn eine andere Art der Werbung für sein Geschäft auch viel Geld kosten würde und daß es für ihn keine Rolle spiele, ob er dieses Geld an eine Werbeagentur bezahle oder ob er denselben oder gar einen besseren Werbeerfolg mit seiner Aktion bei demselben Aufwand erziele.

Können Sie dem entgegenhalten, daß es aber grundsätzlich gegen die Regeln des lauteren Wettbewerbs verstoße, Waren unter dem Einkaufspreis zu verkaufen?

Es wird wohl besser sein, wenn wir prüfen, ob K nicht **gemäß § 3 UWG** berechtigt ist, von B die Unterlassung der Werbeaktion zu verlangen. Lesen Sie bitte zunächst einmal die Vorschrift gründlich durch und achten Sie bitte darauf, daß Ihr Gesetzestext mit der Fassung der Novelle vom 26. 6. 1969 übereinstimmt, denn die Vorschrift hatte vorher einen anderen Wortlaut und es muß Ihnen manches unverständlich erscheinen, wenn Sie noch mit dem alten Text arbeiten.

Lesen wir die Vorschrift des § 3 UWG so, wie sie uns für unseren Fall interessiert, dann hat sie folgenden Wortlaut:

> „Wer im geschäftlichen Verkehr zu Zwecken des Wettbewerbs über die Preisbemessung einzelner Waren oder des gesamten Angebots irreführende An-

gaben macht, kann auf Unterlassung der Angaben in Anspruch genommen werden."

Es handelt sich also auch bei § 3 UWG um eine Anspruchsnorm. Die Vorschrift hat weiter die beiden Tatbestandsmerkmale „Handeln im geschäftlichen Verkehr" und „Handeln zu Zwecken des Wettbewerbs" mit § 1 UWG gemeinsam. Wir hatten diese beiden Tatbestandsmerkmale schon geprüft.

Dieselbe zentrale Bedeutung, die für § 1 UWG der Verstoß gegen die guten Sitten im Wettbewerb hat, kommt nach § 3 UWG der Irreführung zu. Hier läßt sich eine gewisse Gleichrangigkeit feststellen. Der § 1 UWG verpönt den Verstoß gegen die von der Gesamtheit der Wettbewerber für gültig erachteten guten Sitten im Wettbewerb, der § 3 UWG verbietet die Irreführung im Wettbewerb. Hier wird der Kaufmann freilich fragen müssen, was Irreführung denn bedeute. Es wird für ihn keine Frage sein, daß er über seine Ware oder über die gewerbliche Leistung, die er anbietet, keine eindeutig falschen Angaben machen darf. Lassen Sie uns auf ein krasses Beispiel zurückkommen, das wir schon behandelt haben. Niemand darf als Verkäufer eine Segelyacht als hochseetüchtig bezeichnen, die diese Qualifikation nicht verdient. Man darf doch niemanden durch das Anpreisen seiner Ware in Lebensgefahr bringen. Gift darf man nicht als Arznei anpreisen. Trotzdem ist manches Gift eine Arznei und manche Arznei ist Gift und so liegt auch bei manchem Werbeslogan die Wahrheit dicht neben der Lüge und es ist garnicht so leicht, herauszufinden, wo denn nun die Irreführung anfängt.

Es wäre primitiv zu glauben, man könne einen anderen nur mit einer groben Lüge irreführen. So einfach liegen die Dinge nicht. Irreführen kann man vielmehr auch mit einer völlig richtigen Werbebehauptung. Nehmen Sie beispielsweise an, ein Waschmittelhersteller ließe es sich einfallen, für sein Waschmittel W mit dem Slogan zu werben: „W ist nicht radioaktiv". Dabei wird es sich sicherlich um eine völlig richtige Werbebehauptung handeln. Wenn der Hersteller damit aber nur intensiv genug auf die Verbraucher eintrommelt und die Konkurrenten sich in ihrer eigenen Werbung nicht ausreichend wehren, dann wird bei manchem der Eindruck entstehen, es gäbe auch Waschmittel, die radioaktiv seien. Verbraucher, bei denen die Werbung einen solchen Verdacht erregt, werden dann dem Waschmittel W den Vorzug geben, einfach nur, um kein Risiko einzugehen.

Lassen Sie uns darüber nachdenken, wie es sich mit der Werbeaktion des B verhält, wenn wir an diese Möglichkeiten der Irreführung denken. Kann man B denn überhaupt vorwerfen, daß er den Kunden etwas vortäuscht? Wer das Angebot des B zur Kenntnis nimmt, der wird die Überzeugung gewinnen, daß die beiden Schnäpse hier wirklich sehr preiswert angeboten werden. Kaum einer der Verbraucher wird aber erkennen können, daß B die Schnäpse unter dem Einkaufspreis verkauft. Der Normalverbraucher wird allerdings erkennen, daß er diese Ware nirgends so billig bekommen kann wie bei B.

Das können Sie nun allerdings anzweifeln. Es gibt eine Menge Artikel, bei denen man diese Erkenntnis keinesfalls gewinnen kann, auch wenn man die Preise vergleicht. Um bei Schnäpsen zu bleiben und speziell bei Weinbrand und Wacholder: Es wird Ihnen wahrscheinlich, wenn Sie sich Mühe geben, gelingen, von beiden Schnäpsen Billigsorten aufzutreiben und danach jeweils eine Flasche, die mindestens noch einmal soviel kostet wie die billigste im Angebot. Kann unter diesen Umständen ein Normalverbraucher wirklich zu dem Schluß kommen, diesen Schnaps bekomme er bei B so billig wie nirgends sonst? Nun handelt es sich bei den beiden in unserem Fall erwähnten Schnapssorten nicht um irgendwelche Schnäpse. Es handelt sich dabei vielmehr um **Markenware.** Markenware ist dadurch gekennzeichnet, daß der Hersteller die Gewähr für ständig gleichbleibende oder verbesserte Güte und Beschaffenheit übernimmt. Meist ist der Bekanntheitsgrad des für die Ware verwandten Warenzeichens sehr groß und meist gibt der Hersteller eine **Preisempfehlung** für die Ware, die man auf dem Etikett oder auf der Verpackung lesen kann. Alle diese Umstände ermöglichen dem Verbraucher besonders gut den **Preisvergleich.** Er braucht insbesondere nicht zu befürchten, daß die Ware dort, wo sie besonders billig angeboten wird, von schlechterer Qualität ist. Was hat das alles aber mit Irreführung zu tun? Verbraucher pflegen sich im allgemeinen nicht besonders tiefgründige Gedanken über die Preispolitik von Kaufleuten zu machen. Sie neigen dazu, zu verallgemeinern. Aus dem besonders preisgünstigen Angebot der beiden Markenartikel bei B werden also mindestens einige Verbraucher den Schluß zu ziehen geneigt sein, B sei **auch in seinem anderen Sortiment so preiswert.** Das wird sie dazu veranlassen, bei B zu kaufen. Wir hätten es also mit einer **Irreführung über die Preisgünstigkeit des übrigen Angebots** zu tun. Mit dieser Begründung hat der Bundesgerichtshof diesen Unterpreisverkauf untersagt. Sie können die Entscheidung in GRUR 1970 S. 33 nachlesen.

Für den kritischen Leser bleiben zwei Fragen offen: Er wird einmal anzweifeln, ob der Verbraucher wirklich so wenig kritisch ist, daß er dem beschriebenen Irrtum unterliegen kann. In diesem Zusammenhang ist auf die vielfältigen **Sonderangebote** hinzuweisen, denen man ständig im Handel begegnet. Aus solchen Sonderangeboten zieht kaum noch jemand den Schluß, daß außer dem Sonderangebot auch noch das übrige Sortiment preiswerter zu haben ist als anderswo. Vielmehr wird der kritische Verbraucher erkennen, daß ein solches Sonderangebot bewirken soll, daß nicht nur der besonders angebotene Artikel, sondern auch andere Waren in dem Geschäft gekauft werden. Wer beim Fleischer Sauerbraten im Sonderangebot sieht und kaufen möchte, der entdeckt im Laden dann auch noch besonders gut aussehenden Schinken und nimmt auch davon noch etwas mit. Besonders aufgeklärte Verbraucher werden auch erkannt haben, welche Bedeutung dieses Herausstellen besonders preisgünstiger Angebote im Wettbewerbsverhalten namentlich der Einzelhändler erlangt hat und daß vielfach in der Kalkulation die Einbuße bei den in der Werbung herausgestellten Artikeln im übrigen Sortiment wieder ausgeglichen wird, ein Vorgang, den man als **Mischkalkulation** bezeichnet.

Der kritische Leser wird also bezweifeln, ob der beschriebene Irrtum heute wirklich noch bei vielen Verbrauchern aufkommen kann, er wird es für ausgeschlossen halten, daß sich alle angesprochenen Verbraucher oder auch nur ein großer Teil derselben in der beschriebenen Weise irren. Das wirft die Frage auf, ob sich denn alle von einer bestimmten Werbung angesprochenen Verbraucher oder auch nur ein großer Teil derselben irren müssen, damit der Tatbestand des § 3 UWG erfüllt ist oder ob es schon genügt, wenn der Irrtum lediglich bei einer nicht gut unterrichteten Minderheit entsteht. Die Frage ist aus dem Schutzzweck des § 3 UWG zu beantworten. Irreführung im Wettbewerb ist verpönt und ein irreführendes Verhalten wird nicht deshalb besser, wenn es eine Anzahl kritischer und gut unterrichteter Zeitgenossen gibt, die den Trick durchschauen. Andererseits braucht die Werbung nicht auf jede nur mögliche Gefahr der Irreführung Rücksicht zu nehmen. Ganz abwegige Ansichten und Rückschlüsse muß sie nicht in Rechnung stellen. Die in der Rechtsprechung immer wieder gebrauchte Formel hierzu lautet wie folgt: **Maßgebend dafür, ob eine Werbeankündigung irreführend ist, ist die**

Bedeutung, die ein nicht völlig unbeachtlicher Teil der Verkehrskreise, an die sich die Ankündigung richtet, dieser in ungezwungener Auffassung beilegt.
Wenn wir unseren Ausgangsfall ein wenig variieren, wird die Lösung einfacher und einsichtiger. Nehmen Sie an, B habe in einem Zeitungsinserat geworben, von den beiden Schnäpsen aber nur einen Vorrat von je fünfzig Flaschen für diese Werbeaktion bereit gestellt und diese Menge sei bereits am ersten Tage der Aktion verkauft gewesen, so daß er von da ab dazu übergegangen sei, für die beiden Schnäpse wieder einen normal kalkulierten Preis zu fordern.
Bei dieser Fallvariante rückt ein anderes Tatbestandsmerkmal des § 3 UWG in den Blickpunkt des Interesses. Der Unterlassungsanspruch entsteht auch, wenn irreführende Angaben über die Menge der Vorräte gemacht werden. Wer durch ein Zeitungsinserat von einer solchen Werbeaktion erfährt, der wird nun nicht gerade damit rechnen, daß er von der billigen Ware schon nichts mehr bekommt, wenn er erst am Abend des ersten oder am darauf folgenden Tage seinen Einkauf machen will. Er wird über die Menge der Vorräte irregeführt. Diese Erscheinungsform der Irreführung im Wettbewerb nennt man **Lockvogelangebot.**
Ich muß es bei dieser Einführung in das Anwendungsgebiet des § 3 UWG belassen. Seine Reichweite ist selbstverständlich viel größer und die Erscheinungsformen der Irreführung im Wettbewerb sind so vielfältig, daß eine auch nur annähernd vollständige Darstellung einen eigenen Band dieser Reihe füllen könnte. Auf zwei wichtige Erscheinungsformen möchte ich noch hinweisen: Wirkliche oder vermeintliche **Irrtumserregung über die geographische Herkunft führt** bisweilen zu erbitterten, mit großem Einsatz geführten Prozessen. So ist heftig darüber gestritten worden, wann sich ein Schnaps Steinhäger und wann echter Steinhäger nennen darf und ebenso heftig streitet man sich darum, in welchem Umkreis denn noch das echte Kölsch gebraut werden darf.
Von großer Bedeutung ist auch die **Alleinstellungs- und die Spitzenstellungswerbung.** Die mit Abstand auflagenstärkste Tageszeitung eines Verbreitungsgebiets darf sich die größte nennen. Wenn aber ihre Konkurrentin eine annähernd gleich große Auflage erreicht und über nicht unerhebliche Zeit diese Auflage auch hält, dann geht das Recht verloren, die bisherige Alleinstellung in der Werbung hervorzuheben. Noch strenger sind die Anforderungen bei der Spitzenstellungswerbung. Wer mit der Behauptung wirbt, er sei einer der größten Kaffeeröster der Bundesrepublik, der hat es im Wettbewerbsprozeß nicht leicht. Er muß beweisen können, daß es unter den Kaffeeröstern der Bundesrepublik eine Spitzengruppe von Unternehmen gibt, die nach Umsatz, Unternehmensgröße und Beschäftigungszahl deutlich Abstand zu den übrigen Kaffeeröstern hält. Und er muß beweisen, daß er zu dieser Spitzengruppe gehört.

Fall 15: Hersteller- und Großhändlerwerbung, unclean hands

F betreibt eine Tapetenfabrik. Er unterhält außerdem in der Stadt, in der sich sein Fabrikationsbetrieb befindet, und in zwei Nachbarorten Einzelhandelsgeschäfte, in denen er Tapeten, Farben und Malerbedarfsartikel vertreibt. Er bietet dort nicht nur die Tapeten aus eigener Herstellung, sondern auch die Tapeten anderer Hersteller an. In Zeitungsinseraten wirbt er für seine Einzelhandelsgeschäfte mit dem Slogan „Tapeten vom Hersteller".
K betreibt den Großhandel mit Tapeten und unterhält wie F mehrere Einzelhandelsgeschäfte in denselben Städten. Er wirbt seinerseits mit dem Slogan „Tapeten

direkt vom Großhändler". K verlangt von B Unterlassung des Hinweises auf die Herstellereigenschaft, weil F nicht nur Tapeten aus der eigenen Herstellung anbietet.

Besprechung

K könnte einen Anspruch aus § 1 UWG herleiten, doch wollen wir uns mit dieser Prüfung nicht lange aufhalten, denn der **Hinweis auf die Herstellereigenschaft** wird dann nicht gegen die guten Sitten im Wettbewerb verstoßen, wenn er richtig ist.

Ein wenig schwieriger gestaltet sich die Prüfung, ob K ein Anspruch aus § 3 UWG zusteht. Der Hinweis auf die Herstellereigenschaft ist dazu geeignet, bei den Interessenten die irrtümliche Vorstellung hervorzurufen, in den Einzelhandelsgeschäften des F würden nur Tapeten aus der eigenen Herstellung verkauft. Damit wird sich dann in der Regel die Vorstellung verbinden, das Angebot des F sei besonders günstig, weil man beim Kauf vom Hersteller die Handelsspannen des Großhändlers und des Einzelhändlers nicht mitbezahlen müsse.

Wegen der hieraus hergeleiteten Vorstellung der Kunden ergab sich in der zurückliegenden Zeit tatsächlich eine Wettbewerbssituation, die es vielen Anbietern geraten erscheinen ließ, auf ihre Herstellereigenschaft in der Werbung hinzuweisen und es entstand auch immer wieder die Gefahr der Irreführung der Verbraucher. Der Hinweis auf die Hersteller- oder noch mehr der **Hinweis auf die Großhändlereigenschaft** des Anbieters wurde schließlich so beliebt, die Möglichkeiten der Bekämpfung von Mißbräuchen mit solcher Werbung so unbefriedigend, daß der Gesetzgeber sich veranlaßt sah, solchem Mißbrauch in der bereits erwähnten Novelle von 1969 in einer eigens darauf gemünzten Vorschrift vorzubeugen. **Anspruchsgrundlage** für unseren Fall **ist** daher **§ 6a UWG.** Lesen Sie die Vorschrift bitte sorgfältig durch, ich kann es mir dann ersparen, Ihnen noch weitere Erläuterungen zu geben.

Da wir davon ausgehen, daß die Voraussetzungen des § 6a Abs. 1 Ziffern 1 bis 3 UWG nicht gegeben sind, ist ein Anspruch des K gegen F auf Unterlassung des Hinweises auf die Herstellereigenschaft zu bejahen.

Bei der Lektüre des § 6a UWG haben Sie aber sicherlich nach Abs. 1 noch weitergelesen. Ganz gewiß ist Ihnen aufgefallen, daß ein Großhändler auf seine Großhändlereigenschaft ebenfalls nur unter sehr stark einschränkenden Voraussetzungen in der Werbung hinweisen darf und wir wollen annehmen, daß diese Voraussetzungen bei K nicht gegeben sind.

Dann haben wir es mit einem neuen Problem zu tun, das man landläufig mit dem Sprichwort kennzeichnet: Wer im Glashaus sitzt, soll nicht mit Steinen werfen. Es ist die Frage zu stellen, ob F sich gegen den Unterlassungsanspruch des K mit dem Einwand wehren darf, K verstoße ja in ganz ähnlicher Weise gegen das Gesetz. Im Wettbewerbsrecht bezeichnet man das als den **Einwand der „unclean hands"**, womit zugleich darauf hingewiesen ist, daß sich das Problem in anderen Ländern mit freiem Wettbewerb ebenso zeigt wie in unserer Wirtschaftsordnung. Würde es sich nur um das Verhältnis der beiden Wettbewerber zueinander handeln, hätte die Vorschrift des § 6a UWG nicht auch die Interessen des Verbrauchers zu regeln, dann müßte man allerdings diesen Einwand durchgreifen lassen und die Unterlassungsklage des K wäre abzuweisen, weil er sich im Wettbewerb nicht besser verhält als sein Gegner F. Dem Verbraucher wäre damit aber nicht gedient. Er sähe sich weiterhin mit einem Zustand im Wettbewerb konfrontiert, den das Gesetz im Interesse der Allgemeinheit verhindern nöchte. Daher kann in einem solchen Falle der Einwand der unclean hands nicht durchgreifen. Wenn F sich über die Klage des K und ein gegen ihn ergehendes Urteil auf Unterlassung ärgert, dann mag er Widerklage erheben und seinerseits K auf Unterlassung des Hinweises auf seine Großhändlereigenschaft in Anspruch nehmen und sein Sieg in diesem Rechtsstreit wird zugleich ein Erfolg für die Kunden sein, um deren Gunst er sich bemüht.

Fall 16: Räumungsverkauf

B hat ein Ladenlokal in einem Stadtgebiet gemietet, in dem in Zukunft viele Gebäude der Altstadtsanierung zum Opfer fallen sollen. Eines Tages berichtet die örtliche Presse über konkrete Pläne für die Straße, in der das Geschäftslokal des B liegt. Nach diesen Plänen würden die Verkaufsräume des B der Spitzhacke zum Opfer fallen. B läßt daraufhin sogleich schreiende Plakate in seinen Schaufenstern anbringen, mit denen er besonders günstige Preise wegen der bevorstehenden Sanierungsmaßnahmen verheißt. Seinem Konkurrenten K mißfällt das. Er möchte gern wissen, ob B so werben darf.

Besprechung

Als Anspruchsgrundlage müssen wir hier wieder § 1 UWG bemühen. B handelt im geschäftlichen Verkehr und er handelt zu Zwecken des Wettbewerbs, denn solange er nicht wirklich aus dem Wettbewerb ausgeschieden ist, nimmt er daran noch teil. Auf die Frage, ob B mit seiner Plakatwerbung auch gegen die guten Sitten im Wettbewerb verstößt, wird uns allerdings das Wettbewerbsrecht selbst Antwort geben müssen, liegt danach ein Gesetzesverstoß vor, dann wird K Unterlassung verlangen können, liegt hingegen kein Gesetzesverstoß vor, dann wird die Klage des K gegen B keinen Erfolg haben können.

Wann darf ein Kaufmann einen **Ausverkauf** oder einen **Räumungsverkauf** durchführen? Auf diese Frage müßte eigentlich das Gesetz eine Antwort geben, zumal es sich in der Regel um eine deutliche Ausnahmesituation handeln wird, die einen Kaufmann dazu veranlaßt, eine solche Verkaufsveranstaltung durchzuführen. Der Kaufmann betreibt ein Gewerbe und ein Gewerbe ist seinem Wesen nach eine auf die Dauer eingerichtete Erwerbstätigkeit. Damit ergibt sich in der Regel eine Kontinuität des Geschäftsbetriebs und das bedeutet im Einzelhandel meist auch eine dauerhafte Bindung an bestimmte Geschäftsräume. Müssen diese Geschäftsräume nun aus irgendeinem Grunde geräumt werden, dann entsteht zuweilen eine Zwangssituation, zuweilen ein Anreiz, die Räumung mindestens zum großen Teil dadurch zu bewirken, daß man die Kunden durch das Versprechen von Kaufvorteilen dazu bewegt, die in den Geschäftsräumen befindliche Ware abzunehmen. Dabei wird sich, wenn andere Gesichtspunkte keine Rolle spielen, eine Relation zwischen der Stärke des Anreizes zum Ausverkauf und der Größe der angekündigten und gewährten Kaufvorteile zeigen; die Ware wird um so billiger angeboten werden, je stärker der Anbieter daran intersssiert ist, sie auf diese Weise umzusetzen.
Es ist keine Frage, daß sich das im Wettbewerb sehr deutlich bemerkbar macht. Wenn in der City einer Großstadt ein großes Textilhaus ausverkauft wird, dann ergibt sich für die konkurrierenden Unternehmen ein deutlicher Verlust an Nachfrage. Der hiervon Betroffene wird fragen, ob er das hinnehmen muß.
Diese Frage wird grundsätzlich bejaht werden müssen. Wenn Sachzwänge den Ausverkauf erfordern, müssen die Wettbewerber vorübergehende Wettbewerbsnachteile in Kauf

nehmen. Doch bleibt zu regeln, wann solche Sachzwänge als Grund für einen Ausverkauf oder einen Räumungsverkauf anerkannt werden können und wie man sich gegen Mißbräuche schützen kann.
Ein Ausverkauf darf nicht aus jedem beliebigen Grund zulässig sein. Es reicht nicht aus, daß ein Kaufmann Platz für neue Ware braucht, um einen Ausverkauf oder Räumungsverkauf in seinen Verkaufsräumen durchzuführen. Lagerraum und Verkaufsfläche pflegen allenthalben knapp zu sein, die Kosten der Lagerhaltung spielen in der Kalkulation eine erhebliche Rolle und an der Beschleunigung seines Umsatzes ist ebenfalls jeder Kaufmann interessiert. So kann beispielsweise ein Wechsel der Saison einen Ausverkauf nicht rechtfertigen. In den Branchen, die davon besonders betroffen sind, soll den besonders gesetzlich geregelten Saisonschlußverkäufen die Aufgabe zufallen, für eine saisonal bedingte Beschleunigung des Umsatzes zu sorgen.

Das UWG behandelt den Ausverkauf in § 7 und den Räumungsverkauf in § 7a, unterscheidet also beide Verkaufsveranstaltungen voneinander, obgleich beide den Zweck haben, Verkaufsräume oder Läger zu räumen. Für die Ausverkäufe sind die im Gesetz anerkannten Gründe abschließend in § 7 UWG aufgezählt. Ausverkäufe sind also nur zulässig, bei **Aufgabe des gesamten Geschäftsbetriebs,** bei **Aufgabe des Geschäftsbetriebs einer Zweigniederlassung** oder bei **Aufgabe einer einzelnen Warengattung.** Für die **Räumungsverkäufe** ist gemäß § 7a UWG ein **ausreichender Grund** erforderlich. Das Gesetz verzichtet in dieser Vorschrift auf die Aufzählung von Anlässen, die als ausreichender Grund für einen Räumungsverkauf angesehen werden können. Der in der Praxis häufigste Anlaß für einen Räumungsverkauf ist der **Umbau der Geschäftsräume,** doch kann auch ein solcher Umbau einen Räumungsverkauf nur dann rechtfertigen, wenn deshalb mindestens die Räumung eines Teils der Verkaufs- oder Lagerräume von dort lagernden Waren erforderlich wird und diese Waren auch nicht anderweitig untergebracht werden können, ohne den Verkauf zu beeinträchtigen. Unter ähnlichen Umständen kann auch eine **Geschäftsverlegung** einen Räumungsverkauf rechtfertigen, dann nämlich, wenn die neuen Geschäftsräume zur Aufnahme des vorhandenen Warenvorrats nicht ausreichen. Unter diesen Umständen reicht auch die **Verkleinerung der vorhandenen Geschäftsräume** aus, wenn sie eine Verminderung des bisherigen Warenvorrats erfordert.
Ausverkäufe und Räumungsverkäufe üben auf das Publikum eine erhebliche Anziehungskraft aus. Das liegt einmal daran, daß bei gegebenem Anlaß der Anbieter die Preise seiner Waren tatsächlich drastisch herabsetzen wird, um das Ziel der Verkaufsveranstaltung zu erreichen. Zum anderen kann aber der dem Kunden gebotene wirkliche oder vermeintliche Preisvorteil im Zusammenhange mit der Angabe des Ausverkaufsgrundes in der Werbung besonders gut deutlich gemacht werden, und zwar auch dann, wenn in Wirklichkeit Kaufvorteile kaum oder gar nicht geboten werden. Derartige Verkaufsveranstaltungen sind deshalb sehr anfällig für Mißbrauch. Besonders anfällig zeigen sich in der Praxis Branchen, in denen es auch heute noch nicht erforderlich ist, besonders scharf zu kalkulieren. Das Gesetz trifft durch eine Reihe von Maßnahmen Vorsorge dafür, daß solchem **Ausverkaufsmißbrauch** begegnet werden kann.
1. Das Gesetz fordert die **Angabe des Grundes** für einen Ausverkauf oder Räumungsverkauf bei der Ankündigung dieser Verkaufsveranstaltung. Dadurch trägt es dafür Sorge, das der Grund für den Ausverkauf nachprüfbar ist und daß der Ausverkäufer später im Wort bleibt.
2. Weiter fordert das Gesetz die **Anmeldung des Ausverkaufs oder Räumungsverkaufs** bei einer von der höheren Verwaltungsbehörde bezeichneten Stelle.

Hierbei handelt es sich meist um die **Industrie- und Handelskammern,** in Bayern um die Kreisverwaltungsbehörde. Bei der Anmeldung sind bestimmte Angaben über die Verkaufsveranstaltung zu machen, insbesondere sind die vorgesehene **Dauer** und ein Verzeichnis derjenigen Waren mitzuteilen, die ausverkauft werden sollen. Die Dauer der Veranstaltung wird von der höheren Verwaltungsbehörde, also vom Regierungspräsidenten in Nordrhein-Westfalen, allgemein geregelt, sie darf im allgemeinen **zwei Monate** nicht überschreiten. Das Gesetz fordert wohlgemerkt **nur die Anmeldung, nicht die Genehmigung der Veranstaltung.** Damit wird der höheren Verwaltungsbehörde die Pflicht auferlegt, in ihrer Verantwortung zu prüfen, ob der angegebene Grund für den Ausverkauf oder Räumungsverkauf auch wirklich vorhanden ist oder ob Ausverkaufsmißbrauch betrieben werden soll. Kommt die höhere Verwaltungsbehörde, die sich auch bei dieser Prüfung auf die Ermittlung der Industrie- und Handelskammer stützt, zu der Überzeugung, daß Mißbrauch betrieben werden soll, so wird sie die Durchführung des Ausverkaufs oder Räumungsverkaufs **durch Verwaltungsakt untersagen.** Dieses Verbot kann im Verwaltungsstreitverfahren vor den Verwaltungsgerichten – nicht vor den ordentlichen Gerichten – nachgeprüft werden.

3. Schließlich fordert das Gesetz, **daß sich der Ausverkäufer oder Räumungsverkäufer an seine Ankündigung auch bis in die letzte Konsequenz hält.** Lesen Sie hierzu bitte § 7c UWG sorgfältig durch. Wer beispielsweise einen Ausverkauf wegen Geschäftsaufgabe ankündigt, der darf sein Geschäft nach Beendigung des Ausverkaufs nicht weiterführen, tut er das doch, so muß er damit rechnen, daß es ihm verboten wird und er durch Verhängung von Strafen dazu gezwungen wird, sein Versprechen einzuhalten. Er darf auch nicht sein Geschäft für eine kurze Zeit schließen und alsbald in denselben Räumen oder in der Nachbarschaft wieder eröffnen. Vielmehr muß er eine Sperrfrist von einem Jahr einhalten und er darf in dieser Zeit auch sein Geschäft nicht in anderen Geschäftsräumen innerhalb der politischen Gemeinde fortsetzen. Von diesem Verbot sind auch seine Angehörigen betroffen. Wer eine Filiale ausverkauft, der darf innerhalb der Sperrfrist am Ort keine neue Filiale eröffnen, es sei denn, die neue Filiale wäre wesentlich kleiner und könnte den Warenbestand der geschlossenen Filiale nicht aufnehmen. Wer also eine Filiale ausverkauft, der versperrt sich die Möglichkeit einer Expansion am Ort innerhalb der Sperrfrist. Wer einen Ausverkauf oder Räumungsverkauf beabsichtigt, sollte alle diese Konsequenzen rechtzeitig vorher bedenken. Allerdings eröffnet § 7c Abs. 5 UWG die Möglichkeit, im Falle unvorherzusehender Änderung der Umstände Dispens von diesen Beschränkungen von der höheren Verwaltungsbehörde zu erlangen.

Nach diesen Überlegungen läßt sich der Ausgangsfall leicht lösen. B weiß bisher lediglich aus Presseberichten davon, daß sein Geschäftslokal abgerissen werden wird. Wann das der Fall sein wird, das steht noch völlig dahin. Er muß seinen Ausverkauf, wenn er einen solchen durchführen will, mit dem Ende des Geschäftsbetriebs in diesen Geschäftsräumen abstimmen, kann also den Ausverkauf erst durchführen, wenn er weiß, wann er die Geschäftsräume aufgeben muß. Einen etwaigen Ausverkauf darf er nicht zeitlich unbeschränkt durchführen. Vor allem aber muß er ihn rechtzeitig bei der zuständigen Industrie- und Handelskammer anmelden. Dieses letztgenannte Erfordernis ist von besonderer Bedeutung. Erst die Anmeldung ermöglicht die Überprüfung zur Verhinderung von Mißbräuchen. Die Anmeldung gewinnt dadurch soviel Gewicht, daß der Verstoß gegen dieses gesetzliche Erfordernis die Verkaufsveranstaltung ohne

weiteres unzulässig macht. **Mit der Durchführung eines nicht angemeldeten Ausverkaufs oder Räumungsverkaufs verstößt der Kaufmann gegen das Gesetz und zugleich gegen die guten Sitten im Wettbewerb.**
Nun wird B möglicherweise darauf hinweisen, daß er ja gar keinen Ausverkauf oder Räumungsverkauf durchführen wolle, sondern daß er lediglich in seiner Werbung auf die in absehbarer Zeit bevorstehende Aufgabe seines Geschäftslokals hinweisen wolle. Das kann ihm aber nicht helfen, denn seine Werbeankündigung erweckt den Eindruck einer solchen besonderen Verkaufsveranstaltung, sie wird im Publikum so verstanden und wenn B in Wirklichkeit keine solche Verkaufsveranstaltung durchführt und insbesondere keine Kaufvorteile aus diesem Anlaß gewährt, so muß er sich vorhalten lassen, daß er eine **irreführende Werbung i.S. des § 3 UWG** betreibt.

Fall 17: Saisonschlußverkäufe

B, der den Einzelhandel mit Textilien betreibt, dekoriert am Montag, den 14. Juli sein Schaufenster neu. Er hat einen Posten Damenpullover im Preis herabgesetzt und legt deshalb einen Stapel dieser Pullover in das Schaufenster. Auf die Preisherabsetzung weist er bei der Preisauszeichnung dieser Pullover dadurch hin, daß er beide Preise auf den Preisschildern vermerkt, den höheren Preis aber etwas kleiner schreibt und rot durchstreicht. Sein Konkurrent K hält das für unzulässig.

Besprechung

Ein Anspruch auf Unterlassung dieser Preisgegenüberstellung kann sich aus § 1 UWG ergeben. Es ist nicht zweifelhaft, daß B im geschäftlichen Verkehr und zu Zwecken des Wettbewerbs handelt. Fraglich kann jedoch sein, weshalb B mit dieser Preisgegenüberstellung gegen die guten Sitten im Wettbewerb verstoßen haben sollte.
Die **Preisgegenüberstellung,** so wie B sie vorgenommen hat, wird im Publikum so verstanden werden, daß B diese Pullover vorher zu dem durchgestrichenen höheren Preise verkauft hat und daß er den Preis vor noch nicht allzu langer Zeit herabgesetzt hat. Diese Vorstellung entspricht aber auch den Tatsachen, der Verbraucher wird also nicht irregeführt, ein Anspruch aus § 3 UWG ist nicht gegeben, aber auch ein Anspruch aus § 1 UWG aus dem Gesichtspunkt, daß die Irreführung der Verbraucher gegen die guten Sitten im Wettbewerb verstößt, kann verneint werden.
So bleibt uns wieder die Aufgabe zu prüfen, ob B etwa gegen das Gesetz verstößt. Natürlich kommt dem Umstande, daß B die Dekoration gerade am 14. Juli vornimmt, für den Fall eine entscheidende Bedeutung zu. Der Fall soll in die Regelung der **Abschnittsschlußverkäufe** einführen.
Das UWG behandelt diese Abschnittsschlußverkäufe in § 9. Die Vorschrift enthält allerdings keine materielle Regelung dieser Verkaufsveranstaltungen, sondern lediglich die Ermächtigung an den Wirtschaftsminister, die Materie im Wege der Rechtsverordnung zu regeln. Der Bundeswirtschaftsminister hat eine solche **Rechtsverordnung** am 13. 7. 1950 erlassen. Es ist möglich, daß diese Verordnung in der Gesetzesausgabe, die Sie benutzen, nicht abgedruckt ist, deshalb gebe ich hier zunächst einmal den Text wieder:

§ 1. Verkäufe am Ende eines Verbrauchsabschnittes im Sinne des § 9 des Gesetzes gegen den unlauteren Wettbewerb finden zweimal im Jahre statt. Sie beginnen am letzten Montag im Januar und am letzten Montag im Juli. Die Verkaufszeit beträgt 12 Werktage.
Der im Januar beginnende Verkauf ist als Winterschlußverkauf, der im Juli beginnende Verkauf als Sommerschlußverkauf zu bezeichnen.
Die für die Wirtschaftsverwaltung zuständige oberste Landesbehörde kann den Beginn der Sommer- und Winterschlußverkäufe in Bädern und Kurorten anderweitig festsetzen.

§ 2. Es dürfen zum Verkauf gestellt werden
a) in beiden Verkaufsveranstaltungen Textilien, Bekleidungsgegenstände, Schuhwaren, sowie aus der Gruppe Lederwaren Damenhandtaschen, Damenhandschuhe, Lederblumen und Damengürtel,
b) im Winterschlußverkauf auch Waren aus Porzellan, Glas und Steingut.

§ 3. Auf die Verkäufe hinweisende öffentliche Ankündigungen müssen den Tag des Beginns des Verkaufs deutlich angeben. Enthalten sie Warenangebote, so sind sie frühestens am letzten Werktage vor dem Beginn der Verkäufe, und zwar in Zeitungen und Zeitschriften mit Beginn dieses Tages, im übrigen erst nach Ladenschluß zulässig.
Mit der Plakatwerbung und der Verteilung von Druckschriften kann am letzten Werktage vor dem Beginn der Verkäufe nach 14 Uhr begonnen werden.
Die vor Beginn und die während der Verkäufe gültigen Preise dürfen in öffentlichen Ankündigungen, insbesondere in Schaufenstern, nicht einander gegenübergestellt werden. Dies gilt nicht für Preisangaben innerhalb der Verkaufsräume.

§ 4. Die vorstehende Regelung ist auch für die von Versandgeschäften veranstalteten Sommer- und Winterschlußverkäufe anzuwenden.

§ 5. Diese Anordnung tritt am Tage nach ihrer Verkündigung in Kraft. Gleichzeitig treten alle früheren auf Grund des § 9 des Gesetzes gegen den unlauteren Wettbewerb erlassenen Vorschriften über Sommer- und Winterschlußverkäufe außer Kraft.

Die Besonderheit unseres Falles besteht nun darin, daß die Preisgegenüberstellung **innerhalb der letzten zwei Wochen vor Beginn des Sommerschlußverkaufs** erfolgt. Sie haben in § 2 der Verordnung nachgelesen, welche Waren in den Abschnittsschlußverkäufen angeboten werden dürfen. Es handelt sich hierbei um Waren, deren Absatz modisch und zeitlich bedingt ist. Diese Waren noch rechtzeitig umzusetzen, bevor die Nachfrage danach völlig zum Erliegen kommt, und Platz für die Kollektionen der nächsten Saison zu erhalten, daran ist jeder Anbieter solcher Waren in der Regel interessiert. Das Anliegen der Verordnung besteht darin, Chancengleichheit für alle Anbieter solcher Waren zu schaffen. Dieses Ziel wird nicht zuletzt dadurch erreicht, daß die Schlußverkaufszeiten für alle Unternehmen einheitlich geregelt werden. Deshalb geht es nicht an, wenn einzelne Unternehmen sich an diese Zeiten nicht halten und den Schlußverkauf vorwegnehmen oder verlängern. Insbesondere der **vorweggenommene Schlußverkauf** ist in der Praxis **häufig, gleichwohl aber unzulässig.**
Dabei ist es mit dem Ziel der Verordnung nicht nur unvereinbar, wenn der Schlußverkauf ganz oder teilweise wirklich vorweggenommen wird. Vielmehr muß **in der Werbung auch der Anschein vermieden werden, als werde der Schlußverkauf teilweise schon vorweggenommen.** Je näher der Beginn des Schluß-

verkaufs heranrückt, desto peinlicher muß der Einzelhändler bedacht sein, einen solchen Eindruck zu vermeiden, denn je näher der Eröffnungstag rückt, desto leichter entsteht in einer Preisgegenüberstellung beim Publikum der Eindruck, hier solle schon Schlußverkaufsware umgesetzt werden.
Wegen der großen Bedeutung der **Zeitnähe** zum Eröffnungstage wird vielfach die Auffassung vertreten, während einer **Karenzzeit von zwei Wochen** stelle jedes Versprechen besonderer Kaufvorteile und namentlich auch die **Preisgegenüberstellung in Inseraten und in der Schaufensterwerbung eine Vorwegnahme des Schlußverkaufs** dar. Danach richtet die Praxis der Gerichte sich auch vielfach und wenn Sie sich dieser Auffassung anschließen, dann ist damit der Fall gelöst, K kann von B die Unterlassung der Preisgegenüberstellung bis zum Beginn des Schlußverkaufs verlangen (danach ist sie bis zum Ende des Schlußverkaufs gemäß § 3 Abs. 3 der Verordnung verboten).
Freilich wird bei dem, der ein solches Verbot fordert, bei dem, der es ausspricht und bei dem, der davon hört, ein gewisses Unbehagen zurückbleiben. Dies hat seine Ursache nicht darin, daß etwa die rechtlichen Gründe für ein solches Verbot nicht einleuchteten. Solches Unbehagen gründet sich vielmehr darauf, daß vorweggenommene Schlußverkäufe in der Praxis so häufig geworden sind, daß man sich fragen muß, ob der Einzelhandel an dieser ganzen Institution denn überhaupt noch interessiert ist. Gegen die Überzeugung derjenigen, für die ein Gesetz gemacht worden ist und gegen deren schlechte Gewohnheiten ist mit Gesetzen und Vorschriften schlecht anzukämpfen und man sollte das auch nur tun, wenn es unumgänglich notwendig ist. Es ist aber außerordentlich unbefriedigend, wenn die Gerichte solche vorweggenommenen Schlußverkäufe auf Antrag in Einzelfällen untersagen müssen und die Augen nicht davor verschließen können, daß das eigentlich in vielen anderen Fällen auch geschehen müßte, wenn sich nur ein Kläger fände.

Fall 18: Jubiläumsverkäufe, Sonderveranstaltungen, Prozeßrecht, einstweilige Verfügungen

B betreibt den Einzelhandel mit Textilien. Er läßt Zeitungsinserate mit folgendem Inhalt erscheinen: Am 1. Mai bestehe sein Geschäft fünf Jahre. Aus diesem Anlaß veranstalte er in der Zeit vom 1. bis 15. Mai einen großen Jubiläumsverkauf. Zahlreiche Artikel seines Sortiments seien dann mit erheblichen Preisnachlässen erhältlich. Die Preisnachlässe werden in dem Inserat durch Preisgegenüberstellungen bei einzelnen Artikeln deutlich gemacht. Das erste Zeitungsinserat dieser Art läßt B am 28. April erscheinen. K hält sowohl die Werbung als auch die Verkaufsveranstaltung selbst für unzulässig und fragt an, was er dagegen unternehmen kann.

Besprechung

Anspruchsgrundlage ist einmal mehr § 1 UWG. B handelt im geschäftlichen Verkehr und zu Zwecken des Wettbewerbs. Wiederum ist fraglich, ob er gegen die guten Sitten im Wettbewerb verstößt und erneut ist zu prüfen, ob das wegen eines Gesetzesverstoßes des B der Fall ist.
Die von B angekündigte und beabsichtigte Verkaufsveranstaltung ist weder Ausverkauf, noch Räumungsverkauf, noch Abschnittsschlußverkauf. Gleichwohl soll

sie nach der Art ihrer Durchführung und nach der dafür betriebenen Werbung aus dem Rahmen des regelmäßigen Geschäftsbetriebs des B herausragen. So etwas will B offenbar nicht alle Tage und auch nicht alle Jahre machen. Es handelt sich also um eine Verkaufsveranstaltung besonderer Art, die man kurz als **Sonderveranstaltung** bezeichnet.
Im Gesetz sind diese Sonderveranstaltungen in § 9a UWG erwähnt, und zwar wiederum nur in der Weise, daß der Wirtschaftsminister zur Regelung in einer **Rechtsverordnung** ermächtigt wird. Diese Vorschrift ist durch das Änderungsgesetz vom 26. 2. 1935 in das UWG eingefügt worden. Gestützt auf die Ermächtigung ist die Anordnung des Reichswirtschaftsministers betreffend Sonderveranstaltungen vom 4. 7. 1935 ergangen. Wenn Sie dieses Datum lesen, dann wird zunächst einmal bei Ihnen die Frage auftauchen, ob es sich nicht etwa um nationalsozialistisches Recht handelt, das in unserer freiheitlichen Rechtsordnung keine Gültigkeit mehr beanspruchen kann. Darüber sollten Sie sich zunächst selbst eine Meinung bilden, indem Sie die Verordnung sorgfältig durchlesen. Weil Sie sie aber möglicherweise ebenfalls in Ihren Gesetzesausgaben nicht finden werden, gebe ich den Text nachstehend wieder:

§ 1. Sonderveranstaltungen im Sinne der nachstehenden Vorschriften sind außerhalb des regelmäßigen Geschäftsverkehrs stattfindende Verkaufsveranstaltungen im Einzelhandel, die, ohne Ausverkäufe oder Räumungsverkäufe zu sein, der Beschleunigung des Warenabsatzes dienen und deren Ankündigungen den Eindruck hervorrufen, daß besondere Kaufvorteile gewährt werden.
Sonderveranstaltungen sind nicht Sonderangebote, durch die einzelne nach Güte oder Preis gekennzeichnete Waren ohne zeitliche Begrenzung angeboten werden und die sich in den Rahmen des regelmäßigen Geschäftsbetriebes des Gesamtunternehmens oder der Betriebsabteilung einfügen.

§ 2. Die Abhaltung von Sonderveranstaltungen wird untersagt.
Die Vorschrift des Absatzes 1 gilt nicht
a) für Jubiläumsverkäufe, die den Vorschriften des § 3 entsprechen;
b) für Resteverkäufe nach Maßgabe des § 4.

§ 3. Jubiläumsverkäufe dürfen zur Feier des Bestehens eines Geschäfts nach Ablauf von jeweils 25 Jahren abgehalten werden. Ihre Veranstaltung ist nur zulässig, wenn das Unternehmen den Geschäftszweig, den es bei der Gründung betrieben hat, die angegebene Zeit hindurch gepflegt hat.
Der Wechsel des Firmennamens oder des Geschäftsinhabers ist für die Zulässigkeit der Veranstaltung von Jubiläumsverkäufen ohne Bedeutung.
Am Jubiläumsverkauf des Gesamtunternehmens dürfen auch Zweigniederlassungen und Verkaufsstellen teilnehmen, die nicht so lange wie das Stammhaus bestehen. Eigene Jubiläumsverkäufe von Zweigniederlassungen oder Verkaufsstellen finden nicht statt.
Der Jubiläumsverkauf muß in dem Monat beginnen, in den der Jubiläumstag fällt. Die Verkaufszeit beträgt längstens 12 Werktage. Sonn- und Feiertage, die durch Anordnung der höheren Verwaltungsbehörde für den Verkauf freigegeben sind, werden in die Verkaufszeit nicht eingerechnet.

§ 4. Besondere Resteverkäufe dürfen während der letzten drei Tage der Saisonschluß- und Inventurverkäufe (Sommerschluß- und Winterschlußverkäufe) in für diese Verkaufsveranstaltungen zugelassenen Waren abgehalten werden.

Als Reste sind nur solche aus früheren Verkäufen verbliebene Teile eines Ganzen anzusehen, bei denen der verbliebene Teil, für sich genommen, nicht den vollen Verkaufswert mehr hat, den er im Zusammenhang mit dem Ganzen besessen hat.

§ 5. Die höhere Verwaltungsbehörde kann nach Anhörung der zuständigen amtlichen Berufsvertretungen von Handel, Handwerk und Industrie Ausnahmen von den Vorschriften der §§ 2 bis 4 gestatten.

Nach dieser Lektüre werden Sie verstehen, daß die Gültigkeit der Anordnung nicht ernsthaft angezweifelt wird. Auf die Wiedergabe der dafür maßgeblichen staatsrechtlichen Gründe möchte ich verzichten.

Zugleich haben Sie der Anordnung die Lösung unseres Falles entnehmen können. B verstößt gegen die guten Sitten im Wettbewerb, weil er dem Verbot des § 2 Abs. 1 der Anordnung zuwiderhandelt. Die von ihm beabsichtigte und angekündigte Verkaufsveranstaltung ist eine Sonderveranstaltung im Sinne des § 1 Abs. 1 der Anordnung. Es ist eine Verkaufsveranstaltung im Einzelhandel, die außerhalb des regelmäßigen Geschäftsverkehrs stattfindet, wie ich bereits erläutert habe. Es handelt sich auch weder um einen Ausverkauf noch um einen Räumungsverkauf, gleichwohl soll die Veranstaltung der Beschleunigung des Warenabsatzes dienen und in ihrer Ankündigung wird der Eindruck hervorgerufen, daß besondere Kaufvorteile gewährt werden. Gemäß § 2 Abs. 2a gilt das Verbot von Sonderveranstaltungen nicht für **Jubiläumsverkäufe,** die den Vorschriften des § 3 der Anordnung entsprechen. Der von B angekündigte und beabsichtigte Jubiläumsverkauf entspricht aber § 3 der Anordnung schon deshalb nicht, weil das Geschäft des B erst fünf Jahre und nicht schon die in der Anordnung geforderten **fünfundzwanzig Jahre** besteht.

Wir können die Fallfrage bis jetzt dahin beantworten, daß K gegen B einen Anspruch auf Unterlassung der Verkaufsveranstaltung und damit notwendigerweise auch einen Anspruch auf Unterlassung der Werbung für diese Veranstaltung hat. K wird erfreut sein zu hören, daß er im Recht ist, aber er wird weiter fragen, was er denn konkret tun kann, um sich vor den Folgen des drohenden Wettbewerbsverstoßes zu schützen. Er wird auf die Gefahr hinweisen, daß selbst seine treuesten Kunden die Kaufvorteile nutzen werden, die B ihnen verspricht und daß er es an seinen Tageseinnahmen merken wird, wenn B tatsächlich mit seiner unzulässigen Verkaufsveranstaltung beginnt.

Darauf kann K allerdings nur die Antwort gegeben werden, daß er die Gerichte wird anrufen müssen. Wenn es aber keine andere schnell wirksame Möglichkeit gibt, muß man sich dann nicht fragen, ob nicht selbst der beste und sicherste Unterlassungsanspruch nichts nutzt, weil er nicht schnell genug durchgesetzt werden kann. Gerichte entscheiden ja Rechtsstreitigkeiten in einem förmlichen Verfahren, in dem allenthalben auf rechtsstaatliche Erfordernisse Rücksicht genommen werden muß und in dem insbesondere der **Grundsatz des rechtlichen Gehörs,** also der Anhörung der Gegenpartei eine große Rolle spielt. In Band 1 bis 5 dieser Lehrbuchreihe haben Sie schon zahlreiche Hinweise auf den Zivilprozeß lesen können. Ich möchte zur Erläuterung hier lediglich an die Ausführungen zu Fall Nr. 75 in Band 1 anknüpfen. Sie haben dort lesen können, daß eine **Klage** dem Beklagten **formell zugestellt werden muß,** damit er die Möglichkeit hat, seine Einwendungen vorzubringen. Schon die Klageerhebung, die Einreichung der Klage beim Gericht und die Zustellung an B würden hier aber nicht mehr rechtzeitig vor Beginn der von B angekündigten und beabsichtigten Verkaufsveranstaltung erfolgen können.

Ein **brauchbares Zivilprozeßrecht** muß allerdings darauf Rücksicht nehmen, daß die peinliche Beachtung rechtsstaatlicher Garantien im ordentlichen Verfahren nicht dadurch zum Unrecht wird, daß notwendige sofortige Entscheidungen nicht möglich sind. Es gibt eine ganze Reihe von Beispielen dafür, daß gerichtliche Entscheidungen sich als Schlag ins Wasser erweisen würden, wenn sie nicht sofort getroffen werden, und daß die Umstände eine sofortige gerichtliche Entscheidung so dringend erfordern, daß hinter dieser Dringlichkeit selbst ein so schwergewichtiger verfassungsrechtlicher Grundsatz wie der des rechtlichen Gehörs zurücktreten muß.

Ein Beispiel dafür haben Sie bereits im Fall Nr. 11 des Bandes 5 kennengelernt. Lesen Sie dort die Ausführungen zur Fallvariante A noch einmal nach. **Einstweilige Verfügungen** des Gerichts über den Streitgegenstand und zur einstweiligen Regelung eines zwischen den Parteien streitigen Zustandes haben im Wettbewerbsrecht eine besondere Bedeutung, wie Ihnen gerade unser Ausgangsfall zeigt. Der Erlaß solcher einstweiliger Verfügungen ist deshalb in § 25 UWG erleichtert worden. In der Praxis spielt die einstweilige Verfügung in Wettbewerbssachen eine überragende Rolle. Der in Wettbewerbssachen erfahrene Anwalt wird seinem Mandanten diese Verfahrensart meist anraten.

Das Gerichtsverfassungsrecht begründet in Wettbewerbssachen die Zuständigkeit **der Kammer für Handelssachen,** wenn die **Landgerichte** angerufen werden, was wegen der meist recht **hohen Streitwerte** bei solchen Streitigkeiten die Regel ist. Die Kammern für Handelssachen bei den Landgerichten sind mit nur einem Berufsrichter als Vorsitzendem besetzt. Beisitzer sind bei der Kammer für Handelssachen **ehrenamtliche Richter,** die früher die Bezeichnung **Handelsrichter** führten. Handelsrichter kann nur werden, wer als Vollkaufmann in das Handelsregister eingetragen ist oder wer Geschäftsführer einer GmbH oder Vorstandsmitglied einer AG, Genossenschaft oder eines Versicherungsvereins auf Gegenseitigkeit oder einer sonstigen juristischen Person ist und als solcher in das Handelsregister eingetragen ist. Auf diese Weise ist dafür Sorge getragen, daß kaufmännischer Sachverstand bei den Entscheidungen der Kammern für Handelssachen in hohem Maße wirksam werden kann. Das ist besonders in wettbewerbsrechtlichen Streitigkeiten von großer Bedeutung.

Das Zivilprozeßrecht eröffnet überdies die Möglichkeit, daß über Anträge auf Erlaß einer einstweiligen Verfügung bei Dringlichkeit der **Vorsitzende allein** entscheidet. Der in Wettbewerbssachen meist erfahrene Vorsitzende einer Kammer für Handelssachen, der in Zweifelsfällen auf den bewährten Sachverstand der in seiner Kammer tätigen Handelsrichter zurückgreifen kann, hat damit die Möglichkeit, erforderlichenfalls eine einstweilige Verfügung in ganz kurzer Zeit nach Eingang des Antrags zu erlassen. Wenn allenthalben die gebotene **Beschleunigung** beachtet wird, ist es ohne weiteres möglich, daß noch am Tage des Erscheinens des Zeitungsinserats einem Wettbewerber, der eine unzulässige Sonderveranstaltung ankündigt, eine einstweilige Verfügung des zuständigen Gerichts zugestellt wird, mit der ihm die Durchführung dieser Sonderveranstaltung und auch die Werbung dafür untersagt wird.

Man wird K raten müssen, daß er sich möglichst bald um den Erlaß einer solchen einstweiligen Verfügung bemüht. Einen entsprechenden Antrag kann er stellen ohne anwaltliche Hilfe in Anspruch nehmen zu müssen, doch ist ihm zu raten,

sich möglichst bald an einen in Wettbewerbssachen erfahrenen Anwalt zu wenden.
Denn B braucht selbstverständlich eine solche einstweilige Verfügung nicht unwidersprochen hinzunehmen, wenn er sich im Recht glaubt. In unserem Falle ist ihm zu raten, gegen die einstweilige Verfügung nichts zu unternehmen, weil er sich sonst nur noch weitere Kosten aufbürden würde. Sollte auf Grund der einseitigen Sachschilderung durch den Antragsteller und auf Grund der durch eine eidesstattliche Versicherung des Antragstellers selbst erfolgten Glaubhaftmachung das Gericht in die Irre geführt worden sein und eine einstweilige Verfügung erlassen haben, die keinen Bestand haben kann, so kann der Antragsgegner durch seinen **Widerspruch** selbstverständlich die Aufhebung dieser einstweiligen Verfügung erreichen und das Gesetz trifft auch Vorsorge dafür, daß ihm der Antragsteller in einem solchen Falle **den Schaden zu ersetzen hat, der ihm etwa durch den Erlaß der ungerechtfertigten einstweiligen Verfügung entstanden ist.**

Fall 19: Sonderveranstaltungen, Sonderangebote

B betreibt den Einzelhandel mit Textilien in zahlreichen Filialen in vielen Städten der Bundesrepublik. In seiner Filiale in C soll im Januar ein Sonderangebot in Damen-Webpelzen durchgeführt werden. B läßt daher in den örtlichen Tageszeitungen ein Inserat erscheinen, in dem er als Sonderangebot 500 Webpelze zum Preise von DM 200,– anbietet. K, der in C ebenfalls den Einzelhandel mit Textilien betreibt, hält das Inserat und das Sonderangebot für unzulässig.

Besprechung

K hat gegen B einen Unterlassungsanspruch aus § 1 UWG, wenn B mit seinem Sonderangebot gegen die §§ 2 Abs. 1 und 1 Abs. 2 der Anordnung des Reichswirtschaftsministers betr. Sonderveranstaltungen verstößt. Der § 1 dieser Anordnung unterscheidet jedoch die **Sonderangebote** von den **Sonderveranstaltungen.** Die Entscheidung des Falles hängt daher von der Frage ab, ob B eine Sonderveranstaltung durchführt oder ob es sich um ein Sonderangebot handelt. Für diese Prüfung ist selbstverständlich die Bezeichnung nicht maßgebend, unter der der Anbieter die Aktion laufen läßt, sonst gäbe es schlechthin keine Sonderveranstaltungen sondern immer nur Sonderangebote. Sonderangebote betreffen nach § 1 Abs. 2 der Anordnung einzelne nach Güte oder Preis gekennzeichnete Waren. Damit ist ein wichtiges Kriterium des Sonderangebots angesprochen. Sonderangebote sind **gegenständlich.** Wird das gesamte Sortiment verbilligt angeboten oder erfaßt das Angebot auch nur eine ganze Warengruppe in ihrer Gesamtheit, so haben wir es nicht mit einem Sonderangebot zu tun. Nach § 1 Abs. 2 der Anordnung darf ein Sonderangebot **nicht zeitlich beschränkt sein.** Zeitlich befristete Angebote wirken stärker auf die Kundschaft ein als zeitlich unbefristete. Mit dem Wesen des Sonderangebots ist es nicht vereinbar, daß die Kundschaft durch eine zeitliche Befristung quasi unter Druck gesetzt wird. Dabei steht es einer zeitlichen Begrenzung gleich, wenn die Ware etwa mit der Ankündigung angeboten wird „solange der Vorrat reicht“. Schließlich muß das Sonderangebot sich **in den Rahmen des regelmäßigen Geschäftsbetriebs des**

Gesamtunternehmens einfügen. Eine Verkaufsaktion, die bei dem anbietenden Unternehmen immer wieder einmal vorkommt, stellt sich als Sonderangebot dar, wenn die Aktion hingegen eine gewisse Einmaligkeit aufweist, dann handelt es sich um eine Sonderveranstaltung. In unserem Ausgangsfalle ist das Angebot gegenständlich, es ist nicht zeitlich begrenzt und man kann auch davon ausgehen, daß es sich im Rahmen des regelmäßigen Geschäftsbetriebs des Unternehmens bewegt. Es handelt sich um ein erlaubtes Sonderangebot, nicht um eine verbotene Sonderveranstaltung.

Fall 20: Zugaben und Werbegeschenke

B vertreibt an Geschäftsleute Kugelschreiber mit eingeprägtem Firmennamen, die als Werbemittel zur Abgabe an deren Kundschaft dienen sollen. Er wirbt für diese Kugelschreiber mit vorgedruckten Postkarten, auf denen es u. a. heißt:

> „Probebestellung mit vollem Rückgaberecht. Ich bestelle hiermit zu Ihren Geschäftsbedingungen mit vollem achttägigem Rückgaberecht bei Nichtgefallen unter Beifügung eines Gratis-Vier-Farbkugelschreibers, der auf jeden Fall mein Eigentum bleibt,
> 200 Druckkugelschreiber mit Goldprägung à DM –,39 mit folgender Prägung
> ....
> (Nachnahmeversand unter Abzug von 3% Skonto)"

Ferner:

> „Völlig gratis
> erhalten Sie gegen Einsendung dieser ausgefüllten und unterschriebenen Probebestellung einen vollautomatischen Vierfarb-Druckkugelschreiber, verchromtes Gehäuse, achtkantig, Schreibfarben rot, blau, grün, schwarz in wertvoller Ausstattung, den Sie auch dann behalten dürfen, falls Sie von Ihrem Rückgaberecht lt. Probebestellung Gebrauch machen."

K, ein Konkurrent des B, hält das für unzulässig.

Besprechung

Der Fall gibt Anlaß zur Behandlung eines besonderen zum Wettbewerbsrecht gehörenden Gesetzes, nämlich der **Zugabeverordnung.** Ich kann davon ausgehen, daß diese Verordnung ebenso wie das Rabattgesetz und das Gesetz gegen Wettbewerbsbeschränkungen in den von Ihnen benutzten Gesetzesausgaben wiedergegeben ist. Lesen Sie bitte zunächst die §§ 1 und 2 der Verordnung sorgfältig durch.

Sie werden bemerkt haben, daß § 2 der Verordnung eine Anspruchsnorm ist. Bei der Lösung des Falles ist daher von dieseer Norm auszugehen. Sie grenzt zunächst einmal wie § 13 UWG die Zahl der Anspruchsberechtigten ein. Den Anspruch aus § 2 der Zugabeverordnung kann geltend machen, **wer Wettbewerber des Anspruchsgegners ist.** Dabei kann sich der Wettbewerb aber sowohl auf die Hauptware oder Leistung als auch auf die Zugabeware oder Leistung beziehen. Anspruchsberechtigt sind auch nach der Zugabeverordnung **Verbände zur Förderung gewerblicher Interessen,** nicht jedoch Verbraucherverbände. Die Vorschrift setzt weiter einen Verstoß gegen § 1 der Zugabeverordnung voraus. § 1 Abs. 1 der Zugabeverordnung verbietet das **Anbieten, Ankündigen oder Gewähren einer Zugabe.**

Hier ist die Frage zu stellen, warum es denn verboten sein soll, jemandem, der etwas kauft, daneben noch etwas zu schenken, weil er gekauft hat. Mit der Zugabeverordnung verfolgt der Gesetzgeber folgende Absichten: Erfahrungsgemäß übt die Zugabe einen starken Anreiz auf das Publikum aus, gerade bei dem Anbieter zu kaufen, bei dem die Zugabe zu haben ist. Das geht häufig soweit, daß sachliche Erwägungen über den Kauf der Hauptware oder über die Bestellung der Hauptleistung zurücktreten und die Zugabe als Motiv für den Kauf oder die Bestellung in den Vordergrund tritt. Solche **unsachliche Einflüsse auf den Kaufentschluß** müssen aber unerwünscht sein.
Es wird auch kein Kaufmann eine echte Zugabe (also nicht nur eine geringwertige Kleinigkeit) auf die Dauer wirklich unentgeltlich abgeben. Er wird vielmehr früher oder später den Preis der Zugabeware oder -leistung in den Preis der Hauptware oder -leistung einkalkulieren. So entsteht die Gefahr, daß der Kunde, der die Zugabe ja vermeintlich unentgeltlich bekommt, über den Preis der Ware oder Leistung in die Irre geführt wird, daß **der wirkliche Preis der Ware verschleiert wird.**
Schließlich ist gerade das Gewähren einer Zugabe eine Werbung, die für den Konkurrenten einen Zwang zum Mitmachen bedeutet. Besonders deutlich ließ sich das in den sechziger Jahren im Wettbewerb der Mineralölgesellschaften um die Gunst des Tankstellenkunden beobachten. Sobald eine Gesellschaft damit anfing, Kleinigkeiten als Zugabe zu gewähren, zogen die anderen Gesellschaften sehr schnell nach, bis sich der Wettbewerbsvorteil der Zugaben schließlich aufhob und die Gesellschaften einträchtig mit dieser Werbemethode wieder aufhörten. Das war allerdings nicht zuletzt darauf zurückzuführen, daß das Gesetz bei den zulässigen Zugaben eine Wertgrenze setzt. Gemäß § 1 Abs. 2a sind als Zugaben lediglich **geringwertige Kleinigkeiten** zulässig. Gäbe es diese Wertgrenze nicht, so bestünde die Gefahr, daß zu Wettbewerbszwecken immer wertvollere Zugaben eingesetzt würden, daß **der Wettbewerb** also **auf die Zugaben verlagert** und damit in ganz unerwünschter Weise **verfälscht** würde.
Von einer Zugabe kann man nur sprechen, wenn ihre Gewährung vom Kauf oder **von der Bestellung einer Hauptleistung abhängig** ist. Darin unterscheidet sich die **Zugabe** vom **Werbegeschenk.** Ein Werbegeschenk wird in der Hoffnung gewährt, der Beschenkte werde später in Geschäftsbeziehung zu dem Schenker treten oder eine solche Geschäftsbeziehung fortsetzen. Es ist **nicht** davon **abhängig,** daß ein konkretes Geschäft zustande kommt. Hingegen wird die Zugabe nur gewährt, wenn ein konkretes Geschäft über die Hauptleistung zustande kommt.
Damit sind wir auch beim Problem unseres Falles: Ein Verstoß gegen § 1 der Zugabeverordnung kann B nur zur Last gelegt werden, wenn das in der Probebestellung vereinbarte Rücktrittsrecht des Käufers dem Abhängigkeitsverhältnis zwischen Zugabe und Hauptware rechtlich nicht im Wege steht, wenn also der Vierfarbkugelschreiber wegen dieses Rücktrittsrechts nicht als Werbegeschenk angesehen werden muß. Doch rechnet nach der Lebenserfahrung der Leser der Werbekarte regelmäßig damit, daß er die bestellte Hauptware behalten wird. Andernfalls würde er nicht mit seinem Firmenaufdruck versehene Stifte bestellen und Nachnahmezahlung versprechen, sondern sich die Ware nur zur Ansicht kommen lassen. Wer die Bestellkarte abschickt, ist deshalb darauf eingestellt, daß er nur bei triftigen Gründen den Kauf rückgängig machen wird. Bei dieser Erwartung bleibt die Abhängigkeit von Hauptgeschäft und Zugabe im maßgeb-

lichen Zeitpunkt der Bestellung für ihn bestehen: er weiß, daß er ohne Abschluß des Kaufvertrags auf Probe den Vierfarbstift nicht erhält und er geht davon aus, daß er die Hauptware behalten wird. B hat also gegen das Zugabeverbot des § 1 Abs. 1 der Zugabeverordnung verstoßen. Es ist danach noch erforderlich, daß wir den Katalog des § 1 Abs. 2 Zugabeverordnung durchsehen, ob es sich nicht um eine ausnahmsweise **erlaubte Zugabe** handelt. Das ist jedoch nicht der Fall. K kann also von B die Unterlassung der Gewährung eines Vierfarbkugelschreibers als Zugabe verlangen.

Fall 21: Rabatte, Einigungsstellen bei den Industrie- und Handelskammern

B und K sind die beiden einzigen Vertragshändler des Autoherstellers A in einer westdeutschen Großstadt. A hat für die von ihm hergestellten PKWs eine Preisempfehlung gegeben, B und K halten sich in ihrer Werbung an diese empfohlenen Richtpreise und haben in ihren Verkaufslokalen die dort stehenden PKWs auch mit den empfohlenen Richtpreisen ausgezeichnet. Bei B erscheint eines Tages der Privatmann P. Er interessiert sich für ein Fahrzeug der gehobenen Mittelklasse, macht jedoch den Kauf davon abhängig, daß B ihm einen größeren Rabatt einräumt. Der dringend an dem Geschäft interessierte B läßt sich schließlich dazu bestimmen, P einen Rabatt von 7,5% auf den empfohlenen Richtpreis zu gewähren. Daraufhin unterschreibt P den schriftlichen Kaufvertrag. Noch vor Auslieferung des Fahrzeugs erscheint er jedoch bei B und stellt das Ansinnen, er wolle statt des bestellten PKWs einen solchen der unteren Mittelklasse haben. B lehnt dieses Ansinnen ab. Daraufhin sucht P den K auf in der Hoffnung, dieser könne ihm helfen. Auf diese Weise erfährt K von der Rabattgewährung durch B, die er für unzulässig hält. K läßt B abmahnen, erhält aber keine Antwort. Gerichtlich möchte er gegen B nicht vorgehen, weil er fürchtet, daß dann der Streit in die Öffentlichkeit getragen wird. Er scheut sich auch, die Vermittlung des Herstellers A in Anspruch zu nehmen. Was kann er tun, wenn er andererseits die Rabattgewährung durch B nicht ohne weiteres hinnehmen will?

Besprechung

Es erscheint zweckmäßig, zunächst zu überlegen, ob K gegen B einen Anspruch auf Unterlassung der **Rabattgewährung** zusteht. Danach kann man sich Gedanken darüber machen, was K in der konkreten Situation zur Durchsetzung des Anspruchs tun kann.
Anspruchsgrundlage für diesen Fall ist § 12 des Rabattgesetzes (RabattG). Die Vorschrift entspricht weitgehend dem § 2 der Zugabeverordnung, so daß ich auf meine Ausführungen zu Fall 20 verweisen kann. Danach ist K berechtigt, einen rabattrechtlichen Anspruch gegen B geltend zu machen, wenn B den Vorschriften des RabattG zuwidergehandelt hat.
In Betracht kommt ein Verstoß gegen das aus § 1 RabattG herzuleitende Verbot von Preisnachlässen. Die Vorschrift kann dahin verstanden werden, daß Preisnachlässe bei Vorliegen der Voraussetzungen des § 1 RabattG regelmäßig verboten sind und daß sie nur ausnahmsweise dann erlaubt sind, wenn die Voraus-

setzungen der § 2 bis 9 RabattG vorliegen. Es ist also erforderlich, zunächst die Voraussetzungen des § 1 RabattG durchzuprüfen.
Nach dieser Vorschrift muß ein Preisnachlaß **angekündigt oder gewährt** werden. In unserem Falle ist der Kaufvertrag abgeschlossen, der Preisnachlaß also bereits **gewährt** worden. Wäre es zum Vertragsabschluß nicht gekommen und lediglich über einen Rabatt gesprochen worden, dann läge ein Verstoß gegen das Rabattverbot selbst dann nicht vor, wenn B einen Preisnachlaß in Aussicht gestellt hätte. Denn unter Ankündigung i.S. des § 1 RabattG ist nur ein **öffentliches Ankündigen** – etwa in der Werbung – nicht aber ein Ankündigen im Verkaufsgespräch nur einem Kunden gegenüber zu verstehen.
Der Preisnachlaß muß **im geschäftlichen Verkehr** angekündigt oder gewährt werden. Diesem Tatbestandsmerkmal sind wir schon in §§ 1 und 3 UWG begegnet, es hat hier dieselbe Bedeutung, das gilt auch für das weitere Tatbestandsmerkmal, daß die Ankündigung und Gewährung zu Zwecken des Wettbewerbs erfolgen muß. In unserem Falle treffen beide Merkmale zu.
Der Preisnachlaß muß **für Waren des täglichen Bedarfs** oder für **gewerbliche Leistungen des täglichen Bedarfs** angekündigt oder gewährt werden. Das ist dahin zu verstehen, daß es sich um Waren oder gewerbliche Leistungen handeln muß, für die in der Bevölkerung jederzeit ein Bedarf eintreten kann. Entsprechend dem Sinn des Gesetzes ist der Begriff weit zu fassen. So wird man etwa Originalgemälde alter und neuer Meister, Hochseeyachten und Rennwagen nicht als Waren des täglichen Bedarfs ansehen können, wohl aber einen normalen PKW. Zu den gewerblichen Leistungen des täglichen Bedarfs gehören nicht die der Freiberufler, also der Ärzte, Zahnärzte, Anwälte, Architekten und Wirtschaftsprüfer, hingegen sind gewerbliche Leistungen des täglichen Bedarfs die gewöhnlichen Leistungen der Handwerker oder Gastwirte, auch die der Zeitungsverlage beim Drucken und Verbreiten von Inseraten.
Verboten ist der Preisnachlaß beim **Einzelverkauf von Waren an den letzten Verbraucher** oder bei der **gewerblichen Leistung für den letzten Verbraucher.** Letzter Verbraucher ist, wer eine Ware selbst nicht mehr umsetzt, selbst wenn er sie beruflich oder gewerblich verwendet. Der Unternehmer, der für das Erholungsheim seines Betriebes ein Fernsehgerät anschafft, ist mithin letzter Verbraucher, nicht aber der Kraftfahrzeughersteller, der Vergaser bezieht. Dementsprechend ist bei den gewerblichen Leistungen für den Subunternehmer nicht der Hauptunternehmer sondern der Bauherr letzter Verbraucher, so daß das RabattG der Gewährung von Preisnachlässen durch den Subunternehmer im Verhältnis zum Hauptunternehmer nicht im Wege steht. Diese Einschränkung des Rabattverbots ist von großer Bedeutung. Im Verkehr zwischen den Handelsstufen würde es sich sehr störend bemerkbar machen. Rabatte, Boni und Skonti sind wichtige Instrumente der Absatzpolitik der Unternehmen. Der Zweck des Rabattgesetzes steht dieser Einschränkung nicht entgegen.
Schließlich muß es sich um einen **Preisnachlaß** handeln, der angekündigt oder gewährt wird. Das ist der zentrale Begriff des Rabattrechts und wenn man sich nicht klarmacht, was das Gesetz unter einem Preisnachlaß versteht, dann ist auch der Sinn des Gesetzes nicht zu verstehen. Das Gesetz selbst definiert den Preisnachlaß, den es auch als Rabatt bezeichnet, in § 1 Abs. 2 RabattG. Danach ist ein Preisnachlaß ein **Nachlaß von dem Preis, den der Unternehmer ankündigt oder allgemein fordert.** Der ganze Sinn des Rabattgesetzes besteht darin, den Unternehmer an dem Preis festzuhalten, den er selbst gegenüber dem letzten Verbraucher allgemein als seinen Preis bezeichnet hat, wie das gewöhnlich

durch Preislisten, Kataloge, besonders aber durch Preisschilder an der Ware oder Preisauszeichnungen im Schaufenster geschieht. Sie wissen, daß die Preisauszeichnung im Handel gesetzlich vorgeschrieben ist. Der § 2 der Preisauszeichnungsverordnung vom 18. 9. 1969 bestimmt:

> Wer Letztverbrauchern gewerbs- oder geschäftsmäßig Waren zum Kauf anbietet, hat die Waren unter Angabe der Verkaufseinheit und Gütebezeichnung auszuzeichnen, die der allgemeinen Verkehrsauffassung entsprechen.

Entsprechende Vorschriften enthält die Verordnung auch für viele Dienstleistungen. Schon dadurch werden die Unternehmen meist veranlaßt, einen Preis zu bilden, den sie allgemein i. S. des § 1 Abs. 2 RabattG fordern.

Es ist namentlich für den Verbraucher von großer Bedeutung, daß das Rabattgesetz den Anbieter an seine eigenen Preisangaben bindet. Dadurch wird die außerordentlich unerfreuliche **Diskriminierung einzelner Verbraucher** verhindert. Das Gesetz verhindert damit, daß ein Kaufmann dem einen Kunden aus irgendwelchen Gründen einen Sonderrabatt gewährt, den er dem anderen Kunden versagt. Darüber hinaus verfolgt das Rabattgesetz, wenn man von der Verhinderung der Preisverschleierung absieht, ähnliche Ziele wie die Zugabeverordnung.

Wichtig ist der Hinweis darauf, daß das RabattG nicht bezweckt, den Händler ein für allemal auf bestimmte Preise festzulegen. Selbstverständlich **steht das Gesetz Preisherabsetzungen oder Preisheraufsetzungen nicht im Wege.** Der Händler ist in der Bestimmung seines allgemein geforderten Preises frei. Das Rabattgesetz bewirkt allerdings nach der Vornahme der Preisänderung wiederum die Bindung an den geänderten Preis, der alsdann der allgemein geforderte ist. An ihn muß sich nun der Händler halten, er darf nicht in Form von Rabatten bei dem einen oder dem anderen Käufer von dem geänderten Preis abweichen.

Prüft man nach diesen Ausführungen, ob die Voraussetzungen der §§ 12 und 1 RabattG auf den zu behandelnden Fall zutreffen, so ergibt sich folgendes: K ist berechtigt, einen rabattrechtlichen Anspruch gegen B geltend zu machen, weil er Wettbewerber des B ist. B handelt der Vorschrift des § 1 RabattG zuwider. Er gewährt dem P einen Preisnachlaß durch Abschluß des Kaufvertrages, in dem er 7,5% Preisnachlaß einräumt. Die Rabattgewährung erfolgt im geschäftlichen Verkehr beim Einzelverkauf von Waren des täglichen Bedarfs an den letzten Verbraucher. Die Rabattgewährung erfolgt auch zu Wettbewerbszwecken. Es handelt sich schließlich um einen Preisnachlaß im Sinne des § 1 Abs. 2 RabattG. Der von B allgemein geforderte Preis entspricht dem empfohlenen Richtpreis des Herstellers A. In seiner Werbung und auch in den Preisauszeichnungen in den Verkaufsräumen hat B zu erkennen gegeben, daß er sich an diesen empfohlenen Richtpreis halten wolle. Er hat damit den empfohlenen Richtpreis zu seinem allgemein geforderten Preis gemacht und muß sich daran auch halten. Es ist ihm nicht gestattet, dem einen Kunden auf diesen Preis gar keinen Nachlaß, einem zweiten fünf Prozent und einem dritten gar zehn Prozent einzuräumen.

Bevor wir nun allerdings als Ergebnis unserer Überlegungen feststellen, daß K gegen B einen Anspruch auf Unterlassung der Rabattgewährung zusteht, ist es erforderlich, die Ausnahmevorschriften der §§ 2ff. RabattG durchzuprüfen. Denn nach § 1 Abs. 1 RabattG ist die Nachlaßgewährung nach Maßgabe dieser Vorschriften zulässig. Lesen Sie bitte die Vorschriften der §§ 2ff. RabattG durch. Besonders interessieren mögen die Vorschriften der §§ 2 und 7 RabattG. Mit einem **Mengennachlaß** haben wir es aber nicht zu tun, weil nur ein Auto

verkauft wurde und der Höchstsatz für einen **Barzahlungsnachlaß** ist in unserem Falle weit überschritten.
K hat also gegen B einen Anspruch auf Unterlassung der Gewährung von 3% übersteigenden Preisnachlässen.
Damit können wir uns der zweiten Fallfrage zuwenden, was K denn tun könne, um diesen Unterlassungsanspruch durchzusetzen, ohne A zu bemühen und ohne möglichst die Gerichte in Anspruch zu nehmen. Gerade die Inanspruchnahme der Gerichte kann ja zu unerwünschten Begleiterscheinungen führen. Gerichtsverhandlungen sind öffentlich, die Namen oder Firmen der Parteien stehen auf dem Terminzettel an der Tür zum Sitzungszimmer. Die Gerichtsberichterstattung spielt in Presse, Rundfunk und Fernsehen eine nicht unerhebliche Rolle. Wenn auch immer wieder die großen Strafprozesse im Mittelpunkt des Interesses stehen, so schreiben die Berichterstatter doch gelegentlich auch über Zivilprozesse und unter den Zivilprozessen sind oft die Wettbewerbsprozesse von besonderem Interesse. An einer Berichterstattung über ihren Prozeß wird in unserem Fall aber wahrscheinlich beiden Parteien nicht gelegen sein, B nicht, weil er sicher nicht will, daß diese Rabattgewährung publik wird und K auch nicht, weil er daran ebenfalls kein Interesse haben kann und überdies in solchen Prozessen fast regelmäßig die Einrede der „unclean hands" erhoben wird.
In Wettbewerbsstreitigkeiten ist es vielfach legitim, daß die Parteien die öffentliche Verhandlung vor Gericht vermeiden möchten. Nehmen Sie beispielsweise an, zwei Einzelhändler streiten sich darum, ob einer von ihnen der größte am Platze sei und das auch in der Werbung herausstellen darf. Dann wird es erforderlich sein, die Umsätze, die Größe der Verkaufsräume, die Zahl der Angestellten der Kontrahenten miteinander zu vergleichen und wer möchte schon, daß das in aller Öffentlichkeit geschieht und daß man über diesen Streit am nächsten Tage in der Zeitung lesen kann. Überdies werden sich bei Streitigkeiten in Wettbewerbssachen die Kontrahenten vielfach ohnehin an einer gütlichen Einigung mehr als an einem langwierigen Gerichtsverfahren interessiert zeigen. Eine solche Einigung gelingt aber erfahrungsgemäß um so eher, wenn ein Gremium sachverständiger Unparteiischer nach Anhörung der Kontrahenten in Abwägung des Für und Wider einen sachgerechten Vergleich vorschlägt.
Das UWG vertraut diese Aufgabe in § 27a den **Einigungsstellen bei den Industrie- und Handelskammern an.** Lesen Sie diese Vorschrift bitte sorgfältig durch. Die Einigungsstellen sind auch für die Behandlung rabattrechtlicher Streitigkeiten zuständig. Nur wenn ihre Tätigkeit erfolglos bleibt, muß die Sache doch vom Gericht entschieden werden. Doch ist die Tätigkeit der Einigungsstellen meist erfolgreich. Nach den Erfahrungen meiner langjährigen Praxis hat sich diese Einrichtung sehr bewährt. So könnte auch in unserem Falle K die Anrufung der Einigungsstelle angeraten werden.

Teil 3: Kartellrechtliche Fragen

Fall 22: Preiskartell, Preisbindung, Preisempfehlung

Der Automobilhersteller A geht nach Einführung des Verbots der Preisbindung zweiter Hand für Markenartikel dazu über, für seine Fahrzeuge unverbindliche Preisempfehlungen zu geben. K und B sind die einzigen Vertragshändler für A-Automobile in einem flächenmäßig großen Gebiet. Sie vereinbaren miteinander, daß sie sich an die Preisempfehlungen von A halten wollen. Um diese Vereinbarung auch bindend zu gestalten, versprechen sie einander die Zahlung einer Vertragsstrafe in Höhe von DM 2000,– für jeden Fall der Zuwiderhandlung und errichten über den Vertrag eine Urkunde, die sie beide unterschreiben. Nur zwei Monate nach dieser Vereinbarung sieht B sich durch eine anhaltende Absatzflaute veranlaßt, seine Preise für A-Automobile um 10% unter den empfohlenen Richtpreis zu senken. K sieht das als ruinös an und möchte nicht mitmachen. Er verlangt vielmehr von B die vereinbarte Vertragsstrafe.

Besprechung

Anspruchsgrundlage für diesen Fall ist § 339 BGB. B hat dem K die Zahlung einer Vertragsstrafe für den Fall versprochen, daß er sich an die empfohlenen Richtpreise des A nicht hält. Damit hat er versprochen, es zu unterlassen, andere Preise als die von A empfohlenen zu fordern, und er hat die Vertragsstrafe für den Fall der Zuwiderhandlung gegen diese Unterlassungsverpflichtung versprochen. Der Unterlassungsverpflichtung hat er zuwidergehandelt, damit könnte er die Vertragsstrafe gemäß § 339 BGB verwirkt haben.
Voraussetzung ist allerdings, daß der Vertrag zwischen K und B, in dem B die Zahlung der Vertragsstrafe versprochen hat, wirksam ist. Eben dieser Vertrag könnte aber gemäß § 1 des **Gesetzes gegen Wettbewerbsbeschränkungen** (GWB, auch Kartellgesetz genannt) unwirksam sein. Dieses Gesetz ist in der von Ihnen benutzten Gesetzesausgabe sicherlich abgedruckt, doch bin ich nicht sicher, ob Ihre Gesetzesausgabe auf dem neuesten Stand ist. Die folgenden Ausführungen berücksichtigen das **Zweite Gesetz zur Änderung des Gesetzes gegen Wettbewerbsbeschränkungen vom 3. August 1973.** Diese Novelle ist von sehr großer Bedeutung, Sie hat die **Preisbindung** zweiter Hand **für Markenwaren** abgeschafft, das **Verbot der abgestimmten Verhaltensweisen** in unser deutsches Gesetz eingefügt und den Kartellbehörden die **Fusionskontrolle** übertragen, um die eingetretenen Änderungen schlagwortartig zu kennzeichnen. Ob Ihre Gesetzesausgabe auf diesem Stand ist, können Sie feststellen, wenn Sie § 16 aufschlagen. Wenn Sie dort in Ihrer Textausgabe nur noch etwas von **Verlagserzeugnissen,** aber nichts mehr von **Markenartikeln** lesen, dann entspricht Ihre Ausgabe dem Stand, den ich für diese Bearbeitung zugrunde lege.
Die Vorschrift des § 1 GWB, die wir unsern Überlegungen über die Unwirksamkeit des Vertrages zwischen K und B zugrunde legen müssen, hat sich allerdings nicht geändert. In der für unseren Fall maßgeblichen Fassung liest sie sich wie folgt:

> Verträge, die Unternehmen zu einem gemeinsamen Zwecke schließen, sind unwirksam, soweit sie geeignet sind, die Marktverhältnisse für den Verkehr mit Waren durch Beschränkung des Wettbewerbs zu beeinflussen.

Aus unwirksamen Verträgen kann niemand Rechte herleiten, also kann K keine Vertragsstrafe fordern, wenn sein Vertrag mit B unwirksam i. S. des § 1 GWB ist.

Die Vereinbarung zwischen K und B, wonach beide sich an die von A empfohlenen Richtpreise halten wollten, ist ein Vertrag. Diese Vereinbarung sollte Rechtsfolgen haben, wie sich gerade an der vereinbarten Vertragsstrafe erweist. Die beiden Vertragspartner sind auch **Unternehmen** i.S. des § 1 GWB. **Unternehmen sind wirtschaftliche und organisatorische Einheiten, die erwerbswirtschaftlich tätig** sind. Ein Kraftfahrzeughändler ist in diesem Sinne ein Unternehmer.

Der Vertrag muß **zu einem gemeinsamen Zweck abgeschlossen** worden sein. Dieses Tatbestandsmerkmal ist von großer Bedeutung, denn es grenzt den Kartellbegriff ein. **Ein Kartellvertrag muß einen gemeinsamen Zweck haben.** Die Vertragsparteien müssen sich zusammengetan haben, um gemeinsam etwas zu bewirken. Dabei brauchen sie keineswegs an eine Wettbewerbsbeschränkung gedacht zu haben, eine solche auch nicht gewünscht zu haben, ein Kartellvertrag ist ihr Vertrag, wenn er zu einem gemeinsamen Zweck abgeschlossen wurde, vielleicht trotzdem. Haben die Parteien aber mit ihrem Vertrage keinen gemeinsamen Zweck erreichen wollen, dann kann es sich auch nicht um einen Kartellvertrag handeln, selbst wenn er sich wettbewerbsbeschränkend auswirkt. Das gilt insbesondere, wenn die Parteien mit ihrem Vertrage nur Leistungen austauschen wollten. **Kartellrechtlich ist der Vertrag zu gemeinsamem Zweck vom Austauschvertrag scharf zu unterscheiden.** Den gemeinsamen Zweck haben Kartellverträge mit den **Gesellschaftsverträgen** gemeinsam, lesen Sie bitte § 703 BGB daraufhin noch einmal durch.

In unserem Ausgangsfalle haben wir es nicht mit einem Austauschvertrage zu tun, sondern K und B hat bei ihrem Vertragsabschluß ein gemeinsamer Zweck bewegt. Dieser gemeinsame Zweck hat sogar, um es abzukürzen, gerade darin bestanden, die Marktverhältnisse im Verkehr mit A-Automobilen in dem Gebiet, das sie als ihren **Markt** ansehen konnten, durch **Beschränkung des Wettbewerbs** zu beeinflussen.

Im Kampf um den Kunden spielt bei intakten Marktverhältnissen der Preis die größte Rolle. Wer eine Ware gleicher Art und Güte bei mehreren Anbietern erwerben kann, der wird sie dort kaufen, wo sie ihn am wenigsten kostet. Wenn die Anbieter sich aber alle absprechen, daß sie denselben Preis fordern, dann wird das der Verbraucher nicht gerne haben, denn das gibt den Anbietern die Möglichkeit, einen Preis zu fordern, den sie sonst nie erzielen könnten. Wo immer es Märkte gibt, wird eine solche Absprache unerwünscht sein, und wo immer Menschen Märkte mögen, werden sie überlegen müssen, was sie gegen solche Absprachen tun wollen.

In § 1 GWB hat unser Gesetzgeber eine der denkbar mildesten Maßnahmen gegen solche Absprachen getroffen, doch sollte man nicht glauben, daß das immer die unwirksamsten Maßnahmen sein müssen. Wenn in § 1 GWB bestimmt ist, daß solche Verträge, wie K und B sie miteinander geschlossen haben, unwirksam seien, dann bedeutet das nicht mehr und nicht weniger, als daß keine Partei Rechte aus einem solchen Vertrag geltend machen kann und weiterhin, daß keine Partei auf die Unterstützung der Gerichte und Vollstreckungsorgane rechnen kann, wenn sie etwa gleichwohl Rechte aus einer solchen Vereinbarung gegen den Vertragspartner durchsetzen möchte.

Damit ist unser Fall eigentlich gelöst. Wir werden K davon abraten müssen, die vereinbarte Vertragsstrafe von B zu verlangen, K wird sich damit abfinden müssen,

daß die schöne Vertragsurkunde, die er gemeinsam mit B aufgesetzt hat, das Papier nicht wert ist, auf dem sie geschrieben steht.
K wird damit aber nicht zufrieden sein. Wahrscheinlich ist er es seit Jahrzehnten gewöhnt, A-Automobile immer zu dem Preis zu verkaufen, der von A festgesetzt worden ist. Dabei wird er seinen privaten kleinen Preiswettbewerb vielleicht auch betrieben haben, indem er sich bei der Inzahlungnahme von Gebrauchtwagen dem einen oder anderen Kundenwunsch ein wenig anpaßte, aber vielleicht ist K ehrlich davon überzeugt, daß die **Preisbindung der zweiten Hand für Markenwaren** eine segensreiche Einrichtung war.
Nun war die Entscheidung gegen die Preisbindung der zweiten Hand eine politische Entscheidung und sie ist auch nicht in alle Konsequenzen durchgeführt worden. Wer sich also heute ein Bild davon machen möchte, wie die Preisbindung der zweiten Hand funktioniert, der mag § 16 GWB durchlesen und dann den Verlagserzeugnissen seine Aufmerksamkeit zuwenden. Für Markenartikel ist die Frage politisch entschieden, der Wähler hat die Preisbindung der zweiten Hand für Markenartikel abschaffen wollen und es kann gar keine Frage sein, daß diese Entscheidung zu respektieren ist.
Vielleicht hatte K einen **Preisbindungsvertrag** mit A abgeschlossen, in dem er sich verpflichtet hatte, A-Automobile nur zu dem von A vorgeschriebenen Preis zu verkaufen. Solche Preisbindungsverträge waren vor dem 1. 1. 1974 die Grundlage für die Preisbindung der zweiten Hand für Markenartikel. Jetzt sind sie aber unwirksam nach § 15 GWB. A kann aus einem solchen Vertrag keine Rechte mehr herleiten, K ist frei, für A-Automobile den Preis zu verlangen, den er für richtig hält. Auch K hat aus diesem Vertrag keine Rechte mehr. Er muß sich darauf einrichten, daß Preiswettbewerb stattfindet, wo er bislang verpönt war. Also darf er auch nichts dagegen haben, daß B A-Automobile unter dem von A angegebenen Preis verkauft, mehr noch, seine Verpflichtung das zu unterlassen, gilt rechtlich nicht.
K war es bisher gewohnt, sich in der Preisstellung der von ihm verkauften Automobile nach den Anordnungen von A zu richten. Nun ist die Preisbindung, die ihn bisher verpflichtete, nicht ersatzlos weggefallen. Der Sachverhalt berichtet vielmehr, daß A seinen Vertragshändlern seither einen **Verbraucherpreis** für die Automobile **empfiehlt.** Tatsächlich ist in der Praxis die Preisempfehlung vielfach an die Stelle der rechtlich nicht mehr zulässigen Preisbindung getreten, aber auch diese Preisempfehlung gab es schon vor dem Wegfall der Preisbindung der zweiten Hand für Markenartikel.
Wenn Sie heutzutage einen Markenartikel kaufen, dann wird auf der Verpackung vielfach ein Preis aufgedruckt sein, der als **empfohlener Richtpreis** bezeichnet ist. Ob sie diesen empfohlenen Richtpreis wirklich bezahlen müssen, das wird sich danach richten, wo Sie diesen Artikel kaufen. In Ihrem Urlaubsort im Bayerischen Wald oder auf einer Nordseeinsel werden Sie den Artikel oft nur bekommen, wenn Sie den empfohlenen Richtpreis auf Heller und Pfennig bezahlen. In einem Verbrauchermarkt in einem Ballungszentrum wird derselbe Artikel viel billiger zu haben sein. Das war auch schon so, als es die Preisbindung der zweiten Hand für Markenartikel noch gab. Nehmen Sie aber einen **alten Gesetzestext des GWB zur Hand, dann werden Sie über Preisempfehlungen darin gar nichts finden.**
Die Preisempfehlung ist eigentlich ein illegitimes Kind der Preisbindung, wenigstens, soweit es sich um **Markenartikel** handelt. Für den Markenartikel fällt ein wichtiger Faktor des Wettbewerbs ja ganz aus, nämlich die Qualität. Kein Marken-

artikelhersteller kann es sich wirklich leisten, die Marke dadurch in Verruf zu bringen, daß er die Qualität der Ware verschlechtert. Zum Markenartikel gehört die Marke, also das Warenzeichen. Einem Warenzeichen kann man nicht dadurch Verkehrsgeltung verschaffen, daß man mit der Qualität der Ware manipuliert. Hat man Verkehrsgeltung der Ware erreicht, dann ist das so sehr viel wert, daß es wiederum keineswegs angeraten ist, die Qualität zu verschlechtern. Deshalb ist ein Markenartikel dadurch gekennzeichnet, daß der Verbraucher ständig eine **Gewähr für gleichbleibende oder verbesserte Qualität der Ware** hat. Qualitätswettbewerb kann dann nur noch zwischen den Marken, aber nicht mehr innerhalb der Marke stattfinden.
Dadurch erreicht der **Preiswettbewerb** noch mehr Bedeutung, als er ohnehin schon hat. Für den Markenartikelhersteller bedeutet das, daß er daran interessiert sein muß, soviel wie möglich von diesem Preiswettbewerb selbst auszutragen und sowenig wie möglich den Einzelhändlern zu überlassen, die die Ware vertreiben. Für die bekannte oder gar berühmte Marke kann der Hersteller besser und wirksamer werben als der Einzelhändler, der sie vertreibt. Überdies führt der Einzelhändler auch Konkurrenzprodukte, von ihm kann der Hersteller also besonders viel Einsatz für seine Marke möglicherweise doch nicht erwarten.
Will aber der Hersteller den Händler vom Preiswettbewerb für seine Ware entlasten, dann liegt nichts näher, als daß er dafür Sorge trägt, daß Preiswettbewerb auf der Händlerebene nicht stattfindet. Das kann geschehen, wenn dafür Sorge getragen wird, daß die Ware überall zum gleichen Preise angeboten wird und **daß Preisunterbietungen unterbunden werden.** In einer Rechtsordnung, die die Vertragsfreiheit hegt und schützt, läßt sich das durch Preisbindungsverträge erreichen, denn der Unterpreisverkauf des gebundenen Händlers ist dann Vertragsbruch und dagegen kann man sich wehren. Angriffe von **Außenseitern** lassen sich als Ausnutzung fremden Vertragsbruchs abwehren, wie ich bereits dargestellt habe.
Am Anfang aller dieser Überlegungen steht die Preisbindung der zweiten Hand für Markenartikel. Solche Preisbindung ist aber wettbewerbsbeschränkend und im Grunde ebenso wenig erwünscht wie Kartelle. Ein Gesetz gegen Wettbewerbsbeschränkungen, das die Kartelle verbietet, kann also die Preisbindung der zweiten Hand nicht zulassen, es sei denn als Ausnahme, wie die in §§ 2ff. näher bezeichneten Kartelle. So hat unsere Rechtsordnung bis zum 1. 1. 1974 die Preisbindung der zweiten Hand für Markenartikel toleriert. Sie hat damit zugleich der Frage Raum geben müssen, wie zu verfahren sei, **wenn ein Markenartikelhersteller auf ein Preisbindungssystem verzichten, sich mit Preisempfehlungen begnügen wollte.**
Da das Gesetz diese Frage nicht beantwortete, hat die Rechtsprechung sich mit ihr befassen müssen. Der Bundesgerichtshof hat die Preisempfehlung für Markenartikel deshalb schon recht bald nach Inkrafttreten des GWB gebilligt, und zwar eben mit der Begründung, **eine Preisempfehlung** sei **weniger wettbewerbsbeschränkend** als eine Preisbindung und man könne nicht dadurch, daß man die Preisempfehlung verbiete, den Markenartikelhersteller dazu veranlassen, ein Preisbindungssystem aufzubauen.
Das Gericht verkannte freilich nicht, daß es sich auch bei der Preisempfehlung um eine wettbewerbsbeschränkende Maßnahme handelt. Denn ein Hersteller, der eine Preisempfehlung abgibt, verfolgt schließlich damit das Ziel, daß die Händler sich auch nach dieser Preisempfehlung richten. Er ist sonst nicht ehrlich, sondern führt die Verbraucher irre. Das tut er, wenn er einen Preis empfiehlt, der so hoch

ist, daß sich voraussichtlich doch niemand nach seiner Empfehlung richtet. Ein solches Verhalten kann ihm Gegenmaßnahmen der Wettbewerber eintragen, die sich auf § 3 UWG stützen können.
Nennt die Preisempfehlung aber einen Endverbraucherpreis, der vernünftiger Kalkulation im Handel entspricht, dann wird sie mit dem Ziele abgegeben, daß der Händler sich daran auch hält und daß die Anbieter sich möglichst im Wettbewerb gleichartig verhalten. Das ist aber wieder wettbewerbsbeschränkend und eine solche Abrede läßt sich nicht durchsetzen, weil dem § 15 GWB im Wege stünde, wenn die Vertragsparteien ihr überhaupt Bindungswirkung hätten beimessen wollen.
So **bewegt sich die Preisempfehlung zwischen Unverbindlichkeit und Gesetzwidrigkeit** wie ein Schiff zwischen zwei Klippen. Die Entscheidung des Bundesgerichtshofs, die Preisempfehlungen bereits nach früherem Recht für zulässig hielt, hielt solche Preisempfehlungen deshalb auch nur für unbedenklich, wenn die **Mißbrauchsaufsicht des Bundeskartellamts** dadurch gewährleistet war, daß solche Preisempfehlungen dem Kartellamt ebenso bekanntgegeben wurden wie Preisbindungen und Kartelle. Maßgebend war die Überlegung: Die Preisbindung ist wettbewerbsbeschränkend wie ein Kartell. Sie kann unter Vorsichtsmaßnahmen für Verlagserzeugnisse und Markenwaren hingenommen werden. Wenn aber für Markenwaren die Preisbindung toleriert wird, dann muß analog auch die weniger wettbewerbsbeschränkende Preisempfehlung zugelassen werden. Um ihre wettbewerbsbeschränkende Wirkung möglichst gering zu halten, muß die Preisempfehlung dann aber der Mißbrauchsaufsicht des Kartellamts ebenso unterworfen werden wie die Preisbindung.
Wenn Sie sich aus dieser Argumentation die Zulässigkeit der Preisbindung wegdenken, dann müßte eigentlich auch die Preisempfehlung in Grund und Boden verdammt werden. Sie ist dann ja nicht mehr das kleinere Übel gegenüber der Preisbindung, sondern – will man sie beibehalten – das verbleibende Übel. Die Gewichte verschieben sich in der Weise, daß die Unverbindlichkeit der Preisempfehlung noch schwerer wiegen muß. Je unverbindlicher eine Preisempfehlung aber ist, desto größer ist die Gefahr, daß mit ihr der Verbraucher nur in die Irre geführt werden soll.
Wir können damit die Überlegungen zu unserem Fall abschließen. Wie immer die Preisempfehlung des A gemeint sein mag, sie ist unverbindlich. A wird nichts tun, um diese Empfehlung durchzusetzen. Sollte er etwas derartiges unternehmen, dann wäre es nach dem Gesetz unerlaubt und wettbewerbswidrig. K kann sich nicht mehr auf seinen Lieferanten verlassen, wenn er sich eigenen Wettbewerb ersparen will. Er hat auch keinen Unterlassungsanspruch gegen B und kann von B keine Vertragsstrafe fordern.

Fall 23: Preisempfehlungen, Mondpreise, Aufgaben des Kartellamts

Der Fabrikant F stellt Oberhemden in verschiedenen Qualitäten her. Er möchte jeweils auf die Verpackung einen empfohlenen Richtpreis aufdrucken, ist jedoch im Zweifel, ob das zulässig ist.

Besprechung

Preisempfehlungen sind im Handel durchweg beliebt. Man kann ihnen in zwei verschiedenen Formen begegnen. Einmal ist es möglich, daß die Empfehlung sich nur an den Händler richtet und den Verbrauchern gar nicht bekannt wird. Diese sogenannten **Handelspreisempfehlungen** stellen sich, solange keinerlei Druck in Richtung auf ihre Einhaltung ausgeübt wird, als **bloße Kalkulationshilfen** für den Händler dar. Sind sie wirklich unverbindlich, dann lassen sich gegen sie aus der Sicht des Wettbewerbsrechts Einwendungen nicht erheben.

Von erheblich größerer Bedeutung als diese Handelspreisempfehlungen sind jedoch die **Verbraucherpreisempfehlungen.** Darunter versteht man Preisempfehlungen, die dem Verbraucher durch Aufdruck auf der Ware selbst oder deren Verpackung, durch Pressewerbung oder durch Vorlage von Werbedruckschriften mit Preisangaben oder Preislisten bekannt gemacht werden. Sie sind im Wettbewerbsrecht in zweierlei Hinsicht von Bedeutung.

1. Der empfohlene Preis kann nicht marktgerecht, vielmehr oberhalb des Marktpreises gewollt überhöht angesetzt worden sein, um dem Händler die Möglichkeit zu geben, mit erheblichen Unterschreitungen des empfohlenen Preises zu werben. Man spricht in diesem Falle von einem **Mondpreis.** Eine solche Preisempfehlung führt nicht zu einer Beschränkung des Wettbewerbs, denn mit ihr ist ja gerade nicht beabsichtigt, daß sich die Händler im Wettbewerb gleichartig verhalten und den Preiswettbewerb dadurch ausschließen, daß sie alle denselben Preis fordern.

Den Verbraucher führt eine solche Preisempfehlung jedoch in die Irre. Wer sie abgibt, setzt sich Ansprüchen aus § 3 UWG aus, sofern sich ein Kläger findet. Da ein solcher **Mißbrauch** jedoch auch im öffentlichen Interesse verhindert werden sollte, gibt das Gesetz der **Kartellbehörde** Eingriffsmöglichkeiten.

2. Der empfohlene Preis kann **marktgerecht** und die Preisempfehlung mit der Zielrichtung abgegeben worden sein, daß der Handel sich tatsächlich an die Empfehlung hält. Dann zielt die Empfehlung auf ein **gleichartiges Verhalten im Wettbewerb** und gerät damit in Kollision mit dem Anliegen des Kartellrechts.

Das GWB in der Fassung des Änderungsgesetzes vom 3. 8. 1973 regelt die Preisempfehlungen nunmehr in § 38a. Danach dürfen **Preisempfehlungen nur für Markenwaren** ausgesprochen werden. Markenwaren sind Erzeugnisse, deren Lieferung in gleichbleibender oder verbesserter Güte von dem preisempfehlenden Unternehmen gewährleistet wird und die selbst, deren für die Abgabe an den Verbraucher bestimmte Umhüllung oder Ausstattung oder deren Behältnisse, aus denen sie verkauft werden, mit einem ihre Herkunft kennzeichnenden Merkmal (Firmen-, Wort- oder Bildzeichen) versehen sind.

Preisempfehlungen sind hiernach nicht zulässig für Nichtmarkenwaren sowie für gewerbliche Leistungen.

Der § 38a GWB läßt die Frage offen, ob das für alle Preisempfehlungen, also auch für die sog. Handelspreisempfehlungen gelten soll, die im Bereich der Nichtmarkenwaren und auch der gewerblichen Leistungen eine große Rolle spielen. Ich hatte diese Handelspreisempfehlungen oben als unbedenklich bezeichnet. Ich schulde Ihnen aber den Hinweis darauf, daß das Bundeskartellamt diese Auffassung nicht teilt. In einem Merkblatt der 5. Beschlußabteilung des Bundeskartellamts über die Verwendung von unverbindlichen Preisempfehlungen vertritt das Amt die Auffassung, für markenlose Ware und für gewerbliche Leistungen sei auch die Handelspreisempfehlung unzulässig. Es stellt lediglich in Aussicht, bei sog. **Kleinpreisartikeln** von Verfolgungsmaßnahmen abzusehen. Das bedeutet, daß das Bundeskartellamt eine von ihm für gesetzwidrig gehaltene Verhaltensweise tolerieren will, wenn bestimmte Voraussetzungen vorliegen (Kleinpreisartikel), über die die Behörde entscheidet. Ich kann dieser Auffassung

nicht beipflichten und möchte daran festhalten, daß die Handelspreisempfehlung zulässig ist, sofern kein Druck in Richtung auf die Einhaltung des empfohlenen Preises ausgeübt wird. Es muß allerdings auch sichergestellt sein, daß die Handelspreisempfehlung sich wirklich nur an die Händler richtet und den Verbrauchern nicht bekannt gegeben wird. Wird sie zur Verbraucherpreisempfehlung umfunktioniert, dann ist sie im Bereich der markenlosen Waren und der gewerblichen Leistungen unzulässig.
Unzulässige Preisempfehlungen sind Ordnungswidrigkeiten, ebenso wie falsches Verhalten im Straßenverkehr. Nur gibt es hier **keinen Bußgeldkatalog.** Die Verfolgung dieser Ordnungswidrigkeiten ist den Landeskartellbehörden und dem Bundeskartellamt übertragen. **Geldbußen bis zur Höhe von DM 100000,–,** darüber hinaus bis zum Dreifachen des durch die ordnungswidrige Preisempfehlung erzielten Mehrerlöses sind zulässig. Mißbräuchlich gehandhabte Preisempfehlungen kann das Bundeskartellamt für unzulässig erklären und neue gleichartige Empfehlungen verbieten.
In unserem Ausgangsfall hatten wir angenommen, daß es sich bei den Oberhemden um markenlose Ware handelt. F will die Preisempfehlung auf die Verpackung drucken. Es handelt sich also um eine Verbraucherpreisempfehlung, nicht um eine Handelspreisempfehlung. Die von F beabsichtigte Preisempfehlung wäre unzulässig. F würde sich Unterlassungsklagen von Konkurrenten und einem Bußgeldverfahren der Kartellbehörde aussetzen, wenn er diese Preisempfehlung abgeben würde.

Fall 24: Vertriebsbindungen, Austauschverträge, Schriftform, Behördenpublizität

B betreibt einen Verkaufskiosk. Die Tabakwaren, die er dort anbietet, bezieht er von dem Großhändler K. K gewährt B für die Neuanschaffung eines Einrichtungsgegenstands ein Darlehn in Höhe von DM 3000,–. Den Einrichtungsgegenstand läßt er sich zur Sicherheit übereignen, doch verlangt er nur 5% Zinsen, weil B auf seinen Wunsch eingeht, eine Bezugsverpflichtung zu übernehmen. B verpflichtet sich nämlich, seinen gesamten Bedarf an Tabakwaren in den nächsten drei Jahren ausschließlich bei K zu decken. Er verpflichtet sich darüber hinaus, bei Fremdbezug eine Vertragsstrafe zu zahlen, die vom Umfang des Fremdbezuges abhängig ist.
Das ist alles zwischen K und B so besprochen, doch ist es beiden zu lästig gewesen, ihre Vereinbarungen auch schriftlich zu fixieren und in einer Vertragsurkunde niederzulegen. Nach einem Jahr ist B mit den Rabatten nicht mehr zufrieden, die K ihm gewährt. Als K sich seinen Verbesserungswünschen gegenüber nicht aufgeschlossen zeigt, kündigt B das Darlehn, zahlt den Restbetrag zurück und bezieht danach seine Tabakwaren von einem anderen Großhändler. K verlangt daraufhin die vereinbarte Vertragsstrafe.

Besprechung

Anspruchsgrundlage ist § 339 BGB. B hat in der mündlich getroffenen Vereinbarung die Verpflichtung übernommen, den Fremdbezug von Tabakwaren zu unterlassen. Dieser Verpflichtung hat er zuwidergehandelt. Allerdings könnte die Verpflichtung, Fremdbezug zu unterlassen, mit der Rückzahlung des Darlehns geendet haben, doch brauchen wir dieser Frage nicht weiter nachzugehen.

Die mündliche Vereinbarung der Parteien könnte nämlich nach kartellrechtlichen Bestimmungen unwirksam oder gar nichtig sein.
Eine Abrede, wie K und B sie miteinander getroffen haben, hat möglicherweise wettbewerbsbeschränkende Wirkung. Solange die Bezugsverpflichtung für B besteht, braucht in der Regel K nicht zu befürchten, B als Kunden zu verlieren. Gelingt es K, solche Verträge mit vielen seiner Abnehmer abzuschließen, dann kommt unter Umständen örtlich der Wettbewerb völlig zum Erliegen, weil sich kein anderer Wettbewerber des K behaupten kann. Solche **Vertriebsbindungen,** wie man sie üblicherweise nennt, können mit den Zielen des Gesetzes gegen Wettbewerbsbeschränkungen in Kollision geraten.
Gleichwohl behandelt das Gesetz solche Vertriebsbindungen ebenso wie andere **Ausschließlichkeitsbindungen** nicht als Kartellverträge. Sie können das bereits der Systematik des Gesetzes entnehmen. Der erste Abschnitt des Gesetzes (§§ 1 bis 14) trägt die Überschrift **„Kartellverträge und Kartellbeschlüsse"**. Hingegen ist der zweite Abschnitt (§§ 15 bis 21) mit **„Sonstige Verträge"** überschrieben. Der Grund dafür, weshalb es sich bei den Vertriebsbedingungen und auch bei den anderen Ausschließlichkeitsbindungen nicht um Kartellverträge i.S. des § 1 GWB handelt, ist Ihnen aus Fall 22 bereits bekannt. Solche Verträge werden **nicht zu einem gemeinsamen Zweck** abgeschlossen, sie haben vielmehr den **Austausch von Leistungen zum Inhalt,** weshalb man sie als **Austauschverträge** bezeichnet.

An unserem Ausgangsfall wird das ganz gut klar. B hat die Bezugsverpflichtung übernommen, weil K ihm das Darlehn gewährte und dafür nur geringe Zinsen verlangte. Die Bezugsverpflichtung war also neben den Zinsen Entgelt für die Überlassung der Kapitalnutzung. Die Vertriebsbindung gehört damit zu den Leistungen, die die Vertragsparteien nach dem Inhalt des Vertrages miteinander austauschen wollten.

Das GWB behandelt die Vertriebsbindungen und die Ausschließlichkeitsbindungen überhaupt in § 18. Diese Vorschrift überträgt der Kartellbehörde eine weitere Aufgabe, nämlich die Überwachung von Austauschverträgen, die sich wettbewerbsbeschränkend auswirken können. Der Kartellbehörde ist darin auch eine Eingriffsbefugnis zugewiesen, die sich an die Rechtsfolge des § 1 GWB anlehnt. Während **Kartellverträge kraft Gesetzes unwirksam** sind, aber bei Vorliegen gewisser Voraussetzungen wirksam werden können, wenn nämlich das Kartellamt nach Anmeldung keinen Widersprich erhebt oder dem Kartell die Erlaubnis erteilt, sind **Austauschverträge kraft Gesetzes wirksam,** doch kann das Kartellamt sie für unwirksam erklären und die Anwendung neuer gleichartiger Bindungen verbieten.

Ein Gesetz, das einer Behörde solche Aufgaben überträgt, muß allerdings dafür Sorge tragen, daß die Behörde diese Aufgaben auch erfüllen kann. Die zu diesem Zwecke getroffenen gesetzlichen Maßnahmen des GWB sind auf die Instrumente abgestimmt, mit denen unerwünschte Wettbewerbsbeschränkungen bekämpft werden sollen.
Im Bereich der Kartellverträge und Beschlüsse wird die **zivilrechtliche Nichtigkeit** als Instrument eingesetzt. Darüber hinaus sind solche Kartellverträge und Beschlüsse **Ordnungswidrigkeiten.** In diesem Bereich könnte sich die Tätigkeit des Kartellamts auf die Verfolgung der Ordnungswidrigkeiten beschränken, wenn es nicht ein Bedürfnis dafür gäbe, **Kartellverträge und Kartellbeschlüsse ausnahmsweise doch wirksam** werden zu lassen. Daß ein solches Bedürfnis bestehen kann, mag Ihnen ein kleines Beispiel zeigen: Gesundheitspolitisch ist die Werbung für Tabakwaren unerwünscht. Treffen die Tabekwarenhersteller aber eine Vereinbarung miteinander, in der sie sich zu einer abgestimmten stufenweisen

Einschränkung ihrer Werbung verpflichten, so wirkt diese Vereinbarung wettbewerbsbeschränkend und es handelt sich, da sie zu einem gemeinsamen Zweck getroffen wurde, um ein Kartell. Weil aber diese Kartellvereinbarung selbst wieder gesundheitspolitisch erwünscht ist, muß die Möglichkeit bestehen, die Rechtsfolge des § 1 GWB nicht eintreten zu lassen. Die Vereinbarung kann als Sonderkartell gemäß § 8 GWB erlaubt werden und damit wirksam werden.

Weil aber § 1 GWB bestimmt, daß Kartellverträge und Kartellbeschlüsse grundsätzlich unwirksam sind, deshalb kann es in diesem Bereich den Interessenten überlassen werden, die Wirksamkeit herbeizuführen. Wer das erreichen will, der muß in jedem Falle den Kartellvertrag oder den Kartellbeschluß beim Bundeskartellamt **anmelden.** In einigen Fällen, so bei den **Konditionenkartellen** und bei den **Rabattkartellen** (§§ 2 und 3 GWB) reicht bereits die **Unterlassung des Widerspruchs seitens der Kartellbehörde aus, um die Wirksamkeit des Kartells herbeizuführen.** In anderen Fällen, so bei dem bereits erwähnten **Sonderkartell** (§ 8 GWB) und beim **Einfuhrkartell** (§ 7 GWB) und beim **Strukturkrisenkartell** (§ 4 GWB) muß auf die Anmeldung die **Erlaubnis der Kartellbehörde** folgen, um die Wirksamkeit herbeizuführen. Bei den **Rationalisierungskartellen,** den **Spezialisierungskartellen** und bei den **Ausfuhrkartellen** werden schließlich beide Möglichkeiten abgestuft angewandt.

In allen diesen Fällen wird der Vertrag oder der Beschluß der Kartellbehörde mit der Anmeldung des Kartells bekannt, andernfalls ist er unwirksam. Damit ist eine optimale Kontrolle der Kartelle durch die Behörde gewährleistet. Im Bereich der fortbestehenden Preisbindungen für Verlagserzeugnisse, der Preisempfehlungen und der Verträge mit Ausschließlichkeitsbindungen ist das Gegenteil der Fall. von einer lückenlosen Kontrolle durch die Kartellbehörde kann hier keine Rede sein. Vielmehr wird die Mißbrauchsaufsicht der Kartellbehörde regelmäßig dann einsetzen, wenn sich Konfliktsfälle ergeben.

Immerhin muß der Kartellbehörde auch in diesen Fällen die Kontrolle nach Möglichkeit erleichtert werden. Enthält beispielsweise ein Vertrag eine Ausschließlichkeitsbindung, so muß es vermieden werden, daß die Behörde den genauen Inhalt des Vertrages erst mühevoll durch Befragung von Beteiligten und Zeugen ermitteln muß. Für Preisbindungsverträge gilt das entsprechend. Der Kartellbehörde muß vielmehr ein derartiger Vertrag so wie er gelten soll, **in einer Urkunde zugänglich gemacht werden können.** Das Gesetz muß die **Behördenpublizität** wettbewerbsbeschränkender Vereinbarungen sicherstellen und tut das in § 34 GWB dadurch, daß es die **Schriftform für solche Verträge** vorschreibt.

Kartellverträge, Preisbindungsverträge und Verträge mit Ausschließlichkeitsbindungen haben für die beteiligten Parteien regelmäßig eine große Bedeutung. Das kann im Einzelfall so weit gehen, daß von ihrem Inhalt die wirtschaftliche Existenz eines Beteiligten abhängt. Wo das Gesetz außerhalb des Bereichs des Wettbewerbsrechts Schriftform vorschreibt, handelt es sich regelmäßig ebenfalls um nicht alltägliche und bedeutsame Geschäfte. Im bürgerlichen Recht soll die Schriftform auch eine Warnfunktion erfüllen. Lesen Sie bitte in diesem Zusammenhang Fall Nr. 15 in Band 1 dieser Lehrbuchreihe nach. **Es liegt deshalb nahe, § 34 GWB diese Warnfunktion ebenfalls beizumessen.** Dafür sprechen mindestens gute Gründe.

Diese Frage ist nicht ganz ohne Bedeutung: Gemäß § 18 GWB kann die Kartellbehörde einen Vertrag, der eine Ausschließlichkeitsbindung enthält, nur unter gewissen Voraussetzungen für unwirksam erklären. Das ist nur möglich, soweit

a) durch die Ausschließlichkeitsbindung eine für den Wettbewerb auf dem Markt erhebliche Zahl von Unternehmen gleichartig gebunden und in ihrer Wettbewerbsfreiheit unbillig eingeschränkt ist oder

b) durch die Ausschließlichkeitsbindung für andere Unternehmen der Marktzutritt unbillig beschränkt wird oder

c) durch das Ausmaß solcher Beschränkungen der Wettbewerb auf dem Markt für diese oder andere Waren oder gewerbliche Leistungen wesentlich beeinträchtigt wird.
In unserem Falle würden diese Voraussetzungen sicher nicht vorliegen, wenn B der einzige Abnehmer des K ist, mit dem K eine solche Vertriebsbindung vereinbart hat. Es kann fraglich sein, ob auch in einem solchen Falle das Gesetz die Schriftform fordert, wenn man die Behördenpublizität als den einzigen Grund für das Formerfordernis ansieht.

Doch soll § 34 GWB nach richtiger Ansicht auch die Beteiligten zum Nachdenken anregen, bevor sie einen solchen Vertrag abschließen. Überdies kann man das Formerfordernis nicht von der Eingriffsmöglichkeit der Kartellbehörde abhängig machen, denn wenn der Vertrag jetzt ein Eingreifen der Kartellbehörde noch nicht rechtfertigen kann, so kann das später sehr wohl der Fall sein und es ist gerade der Sinn der Formvorschrift, daß der Kartellbehörde die Vertragsurkunde jederzeit zur Verfügung steht.

Beim Durchlesen des § 34 GWB werden Sie erkennen, daß die Vorschrift die Schriftform des § 126 BGB modifiziert. Für unseren Fall gewinnt das keine Bedeutung, weil K und B ihren Vertrag nur mündlich abgeschlossen haben. Da der Vertrag damit der durch Gesetz vorgeschriebenen Form ermangelt, ist er gemäß § 125 BGB nichtig. K kann die Zahlung der vereinbarten Vertragsstrafe von B nicht verlangen.

Stichwortverzeichnis

FSC
www.fsc.org
MIX
Papier | Fördert
gute Waldnutzung
FSC® C083411

Kolibri 360 GmbH
Ferdinand-Jühlke-Straße 7
99095 Erfurt, Deutschland
produktsicherheit@kolibri360.de